保育ナビ
ブック

目指せ、保育記録の達人！
Learning Story + Teaching Story

河邉貴子（聖心女子大学）
田代幸代（共立女子大学）

はじめに

　記録についての書籍をつくりたいと考えた理由は以下の通りです。
　1つ目には、保育現場はますます多忙になり、業務の効率化が図られる中で、省力化の対象の一番手に挙がるのが保育記録である点です。多くの先生が保育記録に何を書けばよいか悩んでいるというのに、闇雲に時短と簡潔性を求められれば、ますます保育記録は形骸化するのではないでしょうか。「何のために書くのか」「何を書くのか」という保育記録の肝が明確になっていれば、「どれくらい書くのか」はその意味を失うことなく調節可能となるでしょう。
　私はかつて保育者だった頃、園長先生に提出した保育記録にコメントが付けられて戻ってくるのが楽しみでした。コメントを読んだり、記録をもとに話し合ったりすることで、自分の子ども理解の不足に気づいたり、保育のヒントが得られたりしたものです。保育記録を「書く」「読む」「語る」「コメントする」ということは、保育そのものに参画するということにほかなりません。
　2つ目は、保育格差が広がりつつあると言われる今、志高く保育者の専門性を高めていきたいという思いです。園の実態によって保育記録のあり方にはいくつかの層があるように思います。記録を全く書かないという保育現場もあります。その日の天気や子どもの活動の流れだけを書く園もあります。
　遊びを重要な学習と位置づけ、遊びや生活を通して子どもを育てようとする時、目の前の子どもを理解することは保育の構想の起点として極めて重要です。保育記録をとらなくても成立してしまう保育とは、目の前の子どもの姿はどうであれ、保育者主導の教え込みや、保育者主導の生活に子どもを馴致させる保育にほかなりません。
　もしかしたら時代的には「ハウツーもの」が求められているのかもしれません。しかし私と共編著者の田代幸代さんは、あえて、しっかりした読みごたえのある本づくりを目指しました。全国には保育記録を保育に生かしている素晴らしい実践が存在します。保育記録が保育者の専門性を高め、質の高い保育実践を生むことを、ささやかではありますが残していきたいと思っています。

2016年7月　　　　　　　　　共編著者を代表して　河邉貴子

もくじ

保育ナビブック
目指せ、保育記録の達人！
Learning Story + Teaching Story

はじめに…02

1章 — 保育者の専門性と保育記録…05
1　なぜ記録が必要なのか…06
2　Learning Story と Teaching Story の関係…09

2章 — 様々な様式の保育記録…15
1　多種多様な保育記録の様式…16
　1）保育マップ型記録…18
　2）週日案型記録…22
　3）個人名簿型記録…23
　4）連絡帳としての個人記録…28
　5）日誌型記録…30
2　必要に応じて工夫した記録…31
3　機器等を使用した記録…36

3章 — 保育実践に記録を生かす…37
1　日の記録から次の指導計画へ…38
2　記録を読み直す・まとめる…43

4章 — 園内研修に記録を生かす…49
1　フォーマットの工夫…50
2　第三者記録を取り入れる…56

5章 — 保護者との連携に記録を生かす…61
1　ニュージーランドから学ぶ…62
2　一人ひとりの様子を保護者へ…64
3　遊びの様子を保護者へ…70

付録　1）参考文献　もっと記録を深めたい人のために…74
　　　2）記録の様式…74

おわりに…79

保育記録は大切だとわかっていても
なかなかうまく書けずに悩んでいる保育者の皆さんへ

記録を書くのに時間がかかってしまう。効率よく書きたいのだけれど、どう書けばいいのかしら？

どのような様式で記録を書いたら保育がよくなるのだろう？

同僚との話し合いに保育記録を生かしたいけれど、どうすればよいかしら？

記録は大切ということはわかっていても、日々の保育に追われておろそかになりがち。

記録の意義をはじめ、いろいろな様式や書き方、生かし方を学べるのが本書です。

さあ、一緒に保育記録の達人を目指しましょう！

1章 保育者の専門性と保育記録

保育という仕事は実に多忙を極めます。
その中で保育記録を書き残す時間をとるのは大変なことです。
なぜ保育記録を残す必要があるのか。
その意義や目的を実感することができなければ、
ただ負担感が残るだけでしょう。
保育記録を書くのは、子どもをより深く理解するためです。
子どもを深く理解することは、
保育者の専門性の核となるものであり、
保育記録は保育の質の向上に貢献します。
本章では、保育記録の視点、つまり、
「なぜ書くのか」「何を書くのか」を明らかにし、
保育との関係について述べたいと思います。

なぜ記録が必要なのか

子どもを深く理解するということは保育者の専門性の1つです。記録を書く意味を「子どもを理解する」という側面と、「保育を振り返る」という側面から考えてみたいと思います。

(河邊貴子)

記録の達人になろう！

新人保育者に、「保育者になって驚いたことは何か」と聞いたところ、「書く仕事がとても多い」という答えが返ってきました。保育という営みの多くの時間は子どもにかかわることに費やされますが、それ以外の仕事の多いこと、特に「書き仕事」が多いことは、外からは見えにくいのかもしれません。

手紙など保護者向けの通信を書く、連絡帳を書く、保育後には日の反省記録を書く、学年末には指導要録を書くなどなど、保育者が取り組む「書き仕事」は多種多様です。

これらの「書き仕事」のほとんどは必要な仕事として取り組まれますが、日々の保育記録については個々人によって必要感が異なり、取り組み方も大きく異なるのが実態です。多忙な日々の中で時間を十分にとることができないために雑な記録になっていたり、「何のために書くか」とか、「それをどう生かすか」というような意識が曖昧なまま「書かねばならないもの」と捉えたりしている人もいるようです。実際に多くの保育者が「保育記録の大切さを頭ではわかっているけれど、何を、どう書けばよいのかわからない」と悩んでいます。

子どもの育ちを支え、保育の質を高めるための保育記録はどのようなものなのでしょうか。記録の意義や意味がわかっていれば、貴重な時間を有効に使うことができるでしょう。本書では「記録の達人」を目指して様々な角度から保育記録のあり方を考えていきたいと思います。

子ども理解を深めるために

すべての学校種において記録をとることは大切にされていますが、とりわけ乳幼児の教育・保育の施設では重視されています。それはなぜでしょうか。その背景に小学校以上の教科教育と異なる保育の独自性があるからだと考えます。

保育では幼児が生活の中で経験していることをベースに次の生活が組み立てられます。幼児は生活の中で興味・関心をもったことに取り組む時に様々な概念や価値を学ぶと言われており、このような発達の特性を踏まえれば、学ばせたい事柄を大人が主導して教えるというより、子どもの中の興味・関心を読み取り、その延長線上に援助の可能性を探る教育の方法が適切であることは明らかです。

幼児期の子どもにとって遊びは重要な

学習と捉えられていますから、子どもの興味・関心を中心にして遊びがどう展開していくのかを読み取ることは教育の「生命線」と言えます。だから、「子ども達の『今ここ』の活動を理解しそこから発達や学習の道筋をみとることから次の教育をデザインすることが、幼児教育では教師の専門性として特に強くもとめられる」のです注1。

子どもを理解することは保育者にとって大切な専門性です。子どもを理解するとは、子どもの言動を過去から現在へとつなぎ合わせ、そこに横たわる意味を解釈するということです。人間は見たり聞いたりしたことをいつまでも記憶できないので、何かにとどめておく必要があり、保育においても保育者はその日の子どもの様子を書き留めておく必要があります。その書き留めたものの蓄積の中から子どもにとっての「意味」や「文脈」を読み取ることができるのです。

「意味」や「文脈」を読み取ることによって次に必要な経験が導き出されることを考えれば、その日の保育記録は次の日の保育を構想するための重要な根拠と言えるでしょう。

自分の保育を見直すために

また、保育記録を書くことは保育者自身が自分の保育観を見直すためにも役立ちます。特別な場合を除いて、保育者が保育中に記録をとることはまずなく、日々の記録は保育後に1日を振り返り「思い出しながら」書かれます。ある場面やある行為を「思い出して記録する」ということは、保育者が1日の様々な事柄の中からその場面や行為に注目し、何らかの意味で記録する必要があると感じているということです。

逆に言えば、思い出され、記録された事柄は、保育者が1日の様々な事柄の中からその場面や行為に注目していることにほかならず、保育者が意識しているかどうかにかかわらず保育の展開と深いつながりがあります。

つまり、保育者自身による記録は、子どもの生活を把握し、子ども理解を深めるためのものでありますが、同時に保育者自身が保育の中で何を大切にしているかという保育観を見つめるためのものでもあります。したがって保育の当事者による記録はただ事実を客観的に捉えて記録するだけではなく、保育者として何を感じ、どうかかわったかなど、関係性の

注1：秋田喜代美 「教育の場における記録（インスクリプション）への問い―その展開と現在の課題」『教育学年報-0 教育学の最前線』2004、世織書房

中で保育者のあり方を盛り込むことに意味があるものと考えます。

評価の二面性と保育記録

　保育を記録するということは、子ども理解を深めるため、そして、自分自身の保育行為を振り返ったり子ども観や保育観を見直したりするためであることを述べてきました。つまり記録によって２つの側面から保育という営みを省察することになるのです。

　これはまさに保育における評価の考え方でもあります。『幼稚園教育要領解説』では、反省や評価は幼児の発達の理解と教師の指導の改善という両面から行うことが大切であるとして、子どもの発達の姿を捉えることと同時に、子どもと双方向的な関係を結んでいる保育者の援助のあり方について反省・評価することが大切であると説いています。本書のタイトルが、"Learning Story+Teaching Story"となっている理由はここにあります。子どもの発達や学びの物語と、保育者のかかわりの物語の両面を視野に入れて、保育記録を追究していきたいという思いを込めました。

保育記録の役割

　ところが先にも述べたように、多くの記録は単に子どもの行動を書いているか、その日のいわゆる「主活動」と呼ばれる保育者主導の活動に関する記述に終始することが多いのです。その上、読み直したり同僚と読み合ったりして振り返ることもなく、書きっぱなしの状態です。

　何より大切なことは、「ねばならない」仕事として漫然と書くのではなく、記録の役割を認識し、必要性を実感することでしょう（３章以降では、保育に記録がどう生かされたのかをできるだけ具体的に述べます）。保育記録の役割は記録の種類によっても異なりますが、次の４点にまとめることができますので、意識していきたいと思います。

①子ども理解を深め、次の保育の構想の根拠となる
②子どもとの関係を省察し、保育者の資質の向上を図ることができる
③保育者間で子ども理解を共有するためのツールになる
④保護者と園が共に子どもの育ちを支えるための情報となるとともに、園の保育を理解してもらうために役立つ

2 Learning Story と Teaching Story の関係

「子ども理解」を次の保育のあり方や援助につなげるには、どのような保育記録の視点が必要なのかを考えます。

（河邉貴子）

注目される
ニュージーランドの実践

近年、ニュージーランド（以下、NZ）の幼児教育において実践されているラーニングストーリーが注目されています。NZの実践の紹介については62・63ページで詳しく述べますが、大きく言えばその特徴は次の3点です。

①写真を多く取り込むことによって、子どもの活動する姿のエピソードがわかりやすく記述されている。
②NZのナショナルカリキュラムであるテ・ファリキに示されている目標に照らし合わせて、その活動における子どもの学びの評価が記述されている。
③記録には保護者が記入する欄もあり、園と保護者とが子どもの育ちと教育のありようを共有できるようになっている。

NZのラーニングストーリーは園と保護者が協働して子どもの育ちを保障するための橋渡しの役割を果たし、大きな成果を挙げています。

日本の園でも取り入れようとする動きが全国に見られますが、これまでわが国の保育者が取り組んできた保育記録の成果と課題を評価しないままに、あるいはNZとの教育体制の違いを踏まえないまま「直輸入」することは、保育者の負担を増すばかりではないかと心配にもなります。

そこで、表層的に形式だけを真似するようなことがないように、まずは前節で述べた記録の役割と仕組みをもう少し深く考えていきましょう。

ラーニングストーリーと
ティーチングストーリー

NZのラーニングストーリーは8ページで述べた記録の役割で言えば、①③④を担うもので、②の役割は小さくならざるを得ません。保護者が読むことを前提にしていますから、保育者自身の反省を赤裸々に書くということは想定されていません。

②の役割に重点を置いた記録の代表格が日々の保育の反省記録です。私は多種多様な記録の中でも特に1日の保育後に書き残す「日の記録」の果たす役割は大きいと思っています。なぜならば、保育実践を振り返る最小単位は「日」であり、保育者は保育終了後に1日を振り返って、

「明日」の保育に備えるからです。保育者は前日の幼児の遊びにおける言動の中から、次につながる言動の傾向性を探り、子どもの学びを読み取ることは当然ですが、同時に自分の保育行為を振り返って省察し、次の日に生かそうとします。

日本の多くの保育者が書き残している「日の記録」は、子ども理解を深めるものであるのと同時に、自身の保育を省察するためのもので、前節で述べた評価の２つの側面を内包しています。言い換えれば、ラーニングストーリー（子どもの学びの物語）と、双方向関係にあるティーチングストーリー（保育者の援助の物語）が「同居」しているという特徴があります。

保育記録は多種多様ですが、その目的は共通で、子どものよりよい育ちを支えることです。いくら丁寧に子どもの様子を記録したとしても、それが次の保育に生かされなければ意味がありません。すなわち、どのような記録においても「理解」と「援助」は切り離すことができません。ラーニングストーリーとティーチングストーリー、両者の双方向関係を常に基本に据える必要があると考えます。

その日の保育の中で、一人ひとりの子どもと、集団としての子どもたちをどう理解したのか。そして理解に基づいてどう援助したのか。具体的な記録を通して考えてみましょう。取り上げる記録は中野圭祐先生（東京学芸大学附属幼稚園）の実践です。

記録から考える

以下の記録は、３年保育５歳児女児の劇遊びに取り組む姿を捉えた中野先生の反省記録をもとに、順番を入れ替えて整理したものです。後の解説のために便宜的に番号をふり、また、カッコの中の文章は実際の記録ではわかりにくい文脈の補足を筆者が書き加えたものです。

５月26日（月）の日の記録 (改変版)

①「ガラガラドン」注1 はもう終わりらしい。昨年度の子ども会の経験から「そらいろのたね」注2 をするから扉を作るという。

②誕生会でやった劇が楽しく、その楽しさを別の形で表現しようとしているのだろう。

③友だちと相談しながら活動を進めいい経験になりそうである。

④しかしこのお話は劇にしにくいのではないか。（「そらいろのたね」

注1：『三びきのやぎのがらがらどん』（福音館書店）　注2：『そらいろのたね』（福音館書店）

の大道具として段ボールを使って)扉を作っているA子に、(同じように扉が劇の鍵となる)「七ひきのこやぎ」注3の話をもちかけると、「七ひきのこやぎ」をやると言う。
⑤扉、時計を段ボールカッターで作る作業を楽しむ。できたところで戸外にサッカーをしに行く。戻ってきて「先生、オオカミやって」と言うので、
⑥「トントントンお母さんだよ」のシーンだけやって片づける。
⑦(今日はオオカミ役になって保育者が進行したので)明日はもっと自分たちで進められるように小道具を用意したり、流れがつかめるまでモデルとして動くことにしよう。

　子どもたちは誕生会の出し物として取り組んだ「ガラガラドン」の劇をその後も楽しんでいましたが、別の劇もやってみたいと思ったのでしょう。子どもは過去の経験を拠り所にしながら次の経験を積み重ねていきます。しかし、前年度に先生主導で取り組んだ学級全体の活動とは異なり、気の合う友だち同士で好きな遊びの時間に進める遊びとしては、この題材は難しいと中野先生は予測しました。

「誕生会でやった劇が楽しく、その楽しさを別の形で表現しようとしている」が、「このお話は劇にしにくい」と捉えたのです。
　そこで、子どもだけで進められる馴染みのある題材を、「扉を作る」という具体的な行為をきっかけにして投げかけ、子どもの興味・関心を探りました。そして、「実際に動いてみてストーリーを一度試してみることが必要だろう」と考えて、小道具を準備したり、先生がオオカミ役になって、つまり状況内存在となって、劇の進め方を示したりしました。
　しかし、先生は子どもが主体的に劇を進めるようになることを願っていますので、次の日は子どもたちがどうしたら主体的に動けるようになるかというところまでその日の記録に書き込んでいます。

「理解」と「援助」の関係性

　この記録を読み解くと、次のような構造をもっていると考えられます。
Ⅰ 遊ぶ幼児の姿を捉える（①⑤）
Ⅱ その姿の背景にある育ちと幼児の経験していることを読み取る（②）
Ⅲ その理解に基づいて、長期的な見通しから次に必要な経験は何かを考える（③）

注3:『おおかみと七ひきのこやぎ』(福音館書店)

Ⅳ その経験を満たすために必要な環境を考えたり、援助を考え実践したりする（④⑥⑦）

翌日は、Ⅳによって遊びがどう変化し、子どもたちの経験がどう積み重なっていくかを継続して記録します。

つまり、子どもがその遊びや活動の中で何を学んでいるかを捉え（ⅠⅡ）、その捉えに基づいて、次の保育を構想する（ⅢⅣ）のです。前者が子どもの学びの理解（いわばラーニングストーリー）で、後者が理解に基づく援助（いわばティーチングストーリー）と言えるでしょう。

SOAP型記録

前述のⅠ～Ⅳの視点を含んだ記録と同じような考え方を看護師による看護記録に見ることができます。

保育記録に多様な種類があるように、看護記録にも様々な種類があるようなのですが、その1つが「SOAP」と呼ばれているものです。これは患者志向型の医療を展開する病院で取り組まれている方法で、患者のもつ問題について論理的に考え、分析・統合しながら解決方法を見出し、計画的に実行し評価を行う1つの体系として位置づけられています注4。

> S（Subjective Data）主観的データ
> O（Objective Data）客観的データ
> A（Assessment）アセスメント
> P（Plan）計画

図1は保育記録の視点を示したものです。SOAP型記録と対応させて見てみましょう。

Ⅰは子どもの姿を見たり子どもの言葉を聞いたりして書く部分ですから、看護記録のS（Subjective Data）と類似していると言えるでしょう。

Ⅱはその姿をその子どもの過去の履歴を知っている保育者が、過去から現在を視野に入れて行動の意味を読み解く部分ですから、「他者から見た見解」という意味ではO（Objective Data）に近いと言えます。看護の現場ではここに生理的データなども書き込まれますが、保育の場合は保育者の願いとの関連で感じていることが書き込まれます。

そして看護ではSとOを合わせてA（Assessment）が行われているように、保育においても子どもの姿を見て、そこでの経験を読み取り、次の保育につなげいく、つまり、アセスメント（A）を計画

注4：市川幾恵、阿部俊子監修『看護記録の新しい展開』2001、照林社

図1：記録の要素〜「理解」と「援助」

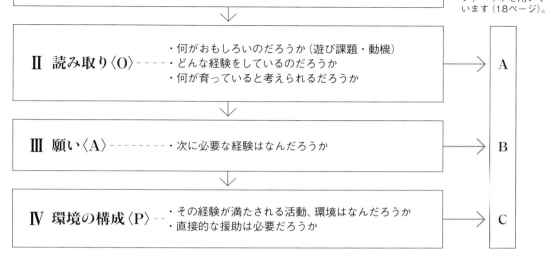

東京学芸大学附属幼稚園ではSOAP型を援用しており、以下のように異なるアルファベットを用いています（18ページ）。

（P）につなげていきます。

もちろん医療の現場と保育の現場の間には目的の違いがありますから、すべてが合致して対応しているわけではありません。しかし、記録に何を書いたらいいのかわからないと思っている保育者にとって、SOAPの視点は1つの手掛かりになるでしょう。

問題はアセスメント

アセスメントは次の計画を導く方向付けですから、極めて大切です。看護記録でもアセスメントが最も難しいとされていて、「アセスメントが書けないということは看護問題に対する観察を焦点を定めて行っていないことであります」という厳しい指摘もあります注5。

保育記録におけるアセスメントは「経験の読み取り」になります。「今経験していることは何か」から「次に必要な経験は何か」を導き出さなければ、環境の構成や援助の方向を定めることはできないですから、保育記録には、経験の読み取りが不可欠です。問題はどのような視点をもっていると、子どもの経験を適切に読み取り記録することができるかです。

先の中野先生の記録を振り返ってみると、経験の読み取りは2つの方向から行われていることがわかります。

1つは人とのかかわりの読み取りです。「友だちと相談しながら活動を進めるいい経験になりそう」という記述からは、子どもは遊びの中で、人とかかわる経験を積み重ねており、また保育者もそれを期待していることがわかります。

もう1点は文化とのかかわりです。環境とのかかわり、と言い換えてもいいか

注5：阿部俊子他「看護記録がわかるQ＆A」『Expert Nurse』vol.20 No.7 2004、照林社

もしれません。
　中野先生は子どもたちが主体的に活動を進めるためには、子どもたちが選んだ劇では難しいと判断しています。つまり、子どもの文化的な体験について評価をしているわけです。遊びとは子どもが能動的に環境にかかわって生み出すものですが、そのままに任せていればいいわけではありません。
　子どもが環境にかかわる力や文化的な体験の内実を読み取って、さらに能動性が発揮されるにはどうしたらよいかを環境を通して応えていくのが保育です。子どもが遊びや活動の中でどのような文化的な体験を積み重ね、環境とどのような関係を結んでいるかを読み取ることは、次の保育の構想に欠かすことはできないでしょう。
　そのほかにも経験の読み取りには次のような視点がよく見られます。

・生活への取り組み
・クラス全体の活動への取り組み

　園によって様式は様々ですし、記述のスペースもまちまちです。しかし様式はどうであれ、ラーニングストーリーとティーチングストーリーの双方向性が見えることが重要でしょう。もちろん記録の目的によって、どちらかが前面に押し出されるということはあります。
　例えば、NZのラーニングストーリーがそうであるように、保護者との連携を目的とした記録には子どもの経験や育ちの物語が前面に出されるでしょう。一方で、日の反省記録にはしっかり保育者の省察が書き込まれるでしょう。
　本章で取り上げた記録についても、4章で、いかに迷いながら、援助の方向を決めているかについて、中野先生ご本人に詳しく述べていただいています（56〜60ページ）。併せてご覧ください。
　万能の記録様式や形式はありません。目的に応じた形式や内容があり、これについては2章で取り上げますが、どのような記録においても子どもと保育者の関係性を意識することによって、「理解」から「援助」へという関係が明確になり、記録が保育に生かされることになるのです。

様々な様式の保育記録

2章

この章では、具体的な保育記録の様式について考えていきましょう。
保育記録の様式には、指導要録のように定められた枠組みはありません。
保育の実践において、記録を書くことは重要だと示されていますが、
それをどのような様式で書くべきかについては、
各園や保育者に任されているのです。
一般的には、園で所定の枠組みや用紙のサイズを決めて、
園内の保育者全員が同じ様式を使って
記録を書くことが多いようです。
様々な様式の保育記録があることや、
その特徴を知り、自分に合ったものを
使って書き始めてみましょう。

多種多様な保育記録の様式

保育記録には、多種多様な様式があります。ビデオや写真での記録や、最近ではアプリやソフトを使用しての記録もありますが、はじめに一般的な、紙媒体に文字で残す記録に限って見ていきましょう。

（田代幸代）

どのような様式で書いたらいいのか

　大きく分類すると、1日ごとに1枚の用紙を使って記録する様式と、1枚に1週間分の記録を収める様式があります。

　1日で1枚の記録様式には、保育マップ型（18〜21ページ）や個人名簿型（23・26・27ページ）、日誌型（30ページ）などがあります。丁寧に記録を書くことができる反面、前日や前々日からの流れが見えにくいという面があります。

　1週間で1枚の記録様式の代表的なものは、週案や週日案に対応した記録の様式（22・24・25ページ）です。子どもの姿を日々の連続性の中で捉えることができる反面、1日分の書くスペースが限られるという面もあります。

　表1は、多種多様な記録の様式について、おおよそ似たような様式を分類し、その特徴をまとめたものです。それぞれの様式の特徴を知り、保育者が選んで使う必要があります。

　併せて、保育記録の様式が、保育者の子どもを見る目を規定するという面があることも頭に入れておきましょう。例えば、個人名簿型で記録を書いている時には、「Aちゃんの登園時の様子は？」とか、「Bちゃんは何をして遊んでいたかな？」などと、保育中にも個人個人の様子に目がいきがちになります。結果として、援助行為も個人への対応が多くなる傾向があるということです。保育記録の様式を選ぶとともに、保育者がいろいろな視点（表2）から保育を省察できるように心がける必要があります。

発達や時期・キャリアに合わせて保育記録の様式を選ぶ

　保育所や認定こども園など保育時間が長い施設や乳児については、睡眠や排泄、食事などの生活や健康の記録も重要です。年齢が低い場合は、特に個人差や発達の差が大きいので、食べた量や食材、眠った時間や寝つき、寝起きの様子などが、健康状態の把握や遊びの様子に影響します。このような情報を保護者と相互に共有できるような、日誌型の記録様式（連絡帳、28・29ページ）が使われることが多く見られます。

　教育実習生や新任保育者などは、登園から降園まで、時間の流れに沿って記録する枠組みだと、子どもの姿と自分の援助について振り返りやすく、書きやすいかもしれません。キャリアによっても、

表1：記録の様式と特徴

様式	特徴
保育マップ型記録	どこで、だれが、だれと、どのような遊びをしていたのか、保育環境に位置づけて俯瞰的に記録することができる。遊びが移ったり関係性が変化したり、時間経過による変化を表しにくい。
週日案型記録	その日の計画と対応させて記録することができる。学級活動など保育者から提案した活動への記述が中心となりやすい。前日からの変化や1週間の流れを捉えやすい。1枚の用紙に1週間分を書くのでスペースが限られる。
個人名簿型記録	一人ひとりの様子を記録することができるので、遊びの傾向や特徴がつかみやすい。保育者のかかわりの濃淡を自覚しやすい。友だち関係が深まり一緒に遊ぶようになると書き表しにくい。
日誌型記録	登園から降園までの時間の流れに沿って、思い起こしながら記録しやすい。活動の流れを追いやすいので、個人や遊びへの読み取りを意識的に書く必要がある。

※記録例の中に出てくる「T」はteacherの略で「教師」を表す

様式を選ぶことができそうです。

　幼稚園の入園当初や、担任・担当が変わった進級時などは、一人ひとりの遊びの傾向や特徴を早くつかみたいと思います。そのような時期には、個人名簿型の記録様式が適しています。

　また、主体的な遊びをしっかりと読み解くには、保育マップ型で記録を書いてみることをお勧めします。

　自分の書きやすい様式を見つけ、まずは保育記録を残す習慣をつけたいものです。巻末に付録として代表的な記録の様式を掲載しています。

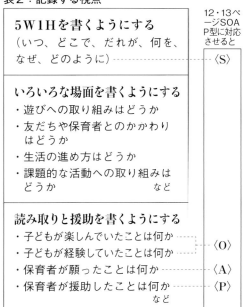

表2：記録する視点

5W1Hを書くようにする
（いつ、どこで、だれが、何を、なぜ、どのように） ……… 〈S〉

いろいろな場面を書くようにする
・遊びへの取り組みはどうか
・友だちや保育者とのかかわりはどうか
・生活の進め方はどうか
・課題的な活動への取り組みはどうか　　　　　　　　など

読み取りと援助を書くようにする
・子どもが楽しんでいたことは何か ……… 〈O〉
・子どもが経験していたことは何か ………
・保育者が願ったことは何か ……… 〈A〉
・保育者が援助したことは何か ……… 〈P〉
　　　　　　　　　　　　　　　など

12・13ページSOAP型に対応させると

1）保育マップ型記録

保育マップ型記録の特徴と意義

　遊びを中心とした保育を実現するためには、子どもの理解とそれに基づく具体的な援助が欠かせません。そして援助の結果、子どもがどのような姿を見せたのかをもう一度捉える必要があります。保育マップ型記録の様式に沿って記録を書くことは、こうした思考の訓練になるとともに、複数の遊びが同時に展開される状況を俯瞰的に捉えるまなざしを育ててくれることから、保育者としての専門性も向上すると考えます。

　保育マップ型記録は、保育環境図を中心に、遊びや人間関係を書いていく様式です。この特徴からすると、短い時間でしている遊びが転々と変わったり、遊びから抜けたり入ったりが多いと、記述しにくいという面があります。ある程度、遊びや友だちとの関係性が継続するようになると、この記録様式が有効になってきます。

保育マップ型記録の書き方

　例として、東京学芸大学附属幼稚園の記録を掲載しました（20・21ページ）。これは、河邉が開発した記録様式をもとに[注1]、自分たちに必要な項目、書き方を検討したものです。記録用紙の中央部には、保育室や園庭等、幼児が生活する保育環境図（マップ）を配置します。その中に以下の手順で書いていきます。

① どこで、だれが、だれと、何をして遊んでいたのかを空間に位置付けて書く。
② 子どもの遊びの姿から、場所の使い方や友だちとの関係性、遊び方など、エピソードを記述する。
③ その中で幼児の経験していた内容は何か、読み取って書く。（A）
④ 翌日以降の保育で、次に必要な経験は何かを考えて書く。（B）
⑤ そのために必要な、具体的な援助や環境の構成を考えて書く。（C）

　このように、幼児の遊びの状況（①②）から、保育者が読み取った幼児の理解（③

④)、それに基づく援助（⑤）という流れが記録に残るようにします。

このABCは、12・13ページでも取り上げたSOAP型記録とも対応しています。SOAPの〈O〉に当たるのがA、〈A〉がB、〈P〉がCということになります。

また、実際の保育場面では、保育者は瞬間的に判断してかかわることも少なくありません。こうした直感的な捉えも重要と考え、すべてを文章で記録に残そうとするのではなく、「いい感じ」❀、「困った感じ」☹も利用しています。

さらに、記録を書いていると具体的な場面に没入してしまい、どこに向かって、何を育てていけばよかったのかを見失う時もでてきます。そこで、記録用紙には「今週のねらい」を書き込むことで、エピソードについてどこに向けて援助をしていけばよかったのかを振り返ることができるようにしました。

保育マップ型記録を書き、保育者として資質向上を図る

次ページの記録1を見ると、遊びによって、記述量に偏りがあることがわかります。「ぴょんぴょこ岩」の遊びについての記録部分は、遊んでいたメンバーもエピソードも記録されており、そこで楽しんでいたことの読み取り（A）も、次に必要な経験（B）も、そのために保育者がどのような援助をするのか（C）も具体的に書き込まれています。一方で、「砂（雨どいで水流し）」については、遊びについての読み取りが不確かで、それをしっかり確かめたい（C）という翌日の保育課題となって記されています。

このように、保育者が直接かかわることができた遊びやよく見ていた遊びの場面については記述が厚くなり、ABCも書くことができますが、その反対もあります。記録用紙を埋めることが目的ではありません。記録を書くことを通して、翌日の保育でかかわるべき対象児や遊びを意識したり、援助の優先順位を考えたりして、具体的な援助の方針を立てることにつなげられるのです。その意味で、ここで紹介した保育マップ型記録は、日の反省記録であると同時に、翌日の指導計画（日案）になっているとも言えるでしょう。ABCが書かれることで、保育者の幼児理解とそれに対する手立てが明確になっていることから、これを媒介として記録を読み合ったり保育を見合ったりして、園内研修に使用すること（56ページからの事例参照）も可能になります。

注1：河邉貴子『保育記録の機能と役割　保育構想につながる「保育マップ型記録」の提言』2013、聖公会出版

記録1：5歳児学年（7月7日）

ほし組　7月7日（火）天気くもり　欠席 Ⓤ

A：幼児の経験している内容　B：必要な経験　C：具体的な援助としての環境の構成

全体の様子
遊びの中で役割を担ったり、おもしろくするための工夫をしたりするなど、今までにない姿として感じられる。また、立体への意識や本物らしくすることのおもしろさを味わっているようだ。共有の仕方を把握していく。

おばけやしき（つき組保育室）

・お店の人（→チケットもぎり、シール渡し）
・お客さん（→シールがもらえて嬉しい）
　Ⓖお面のようなものを作っておどかすが、まぶしかったのか、すぐにはずしてしまったらしい。おしい、おもしろかったのに……😑

水田

公園
「久しぶりに作った」と積み木で滑り台を作る。教師が「積み木だとくずれやすいんだよね」「積み木にガムテープは使わないでほしいな」と言って、巧技台を提案する。Ⓐは巧技台で作った滑り台が出来るとままごとコーナーから座布団をもってきて、よりすべるように工夫していた 🌸

［つき　ⒼⓋ　ⓎⓃ他］
［ほし　Ⓐ　ⒹⓌ　ⓀⓈ ⓇⓐⒶ］

クレープやに対抗してドーナツやごっこを始めた
C：素敵に見える材料や見本となる写真を用意する

クレーぷや
昨日からの続き。ⓐが画用紙を丸く切ってクレープ生地にすることに。じっくりと取り組んでくれるので場がなごみ遊びが進む。客が来ると俄然皆の作業が速くなり活気も出る。見本に置いておいた写真をきっかけに「バナナ」や「いちご」を作って入れていた。
A：本物みたいに見えて素敵！という気持ちをもつ
A：役割分担しながら遊びを進めようとする

飼育小屋　　池

Ⓒⓓⓗ
ⓁⓅⓆⓎ
大ブロック②
Ⓛは車を作りたかったのに必要なパーツがなく困っていた。教師と倉庫に探しに行くと、いろいろなパーツを見ては「ダメだ」と言う。教師がやってみようと誘いやってみるが上手くいかない。すると、パネル大ろ枚を合わせ、残っていたパーツでつなげようとしていた。上手くいかなかったが、発想の豊かさに🌸その後、ⓁとⓅはパーツの取り合いでケンカ。補助教諭が間に入り双方の気分が一瞬変わったが、やっぱりケンカ。一緒に車に乗ることで一件落着。

大ブロック①
ⓗはⒸのために車を作ってあげていた。出来上がるとろ人で北側の裏へ行く。でこぼこ感がおもしろいのだろうか。でも、砂場に入り、遊んでいる子どもたちを横切るのはやめてほしい 😑

保育者の直感マーク

2章 様々な様式の保育記録

今週のねらい ─── 育てる方向を意識して記録を書くようにできます。
- 遊びに必要なものを作ったり試したりして楽しむ
- 全身を使って水遊びを楽しむ
- 友だちに気付いたことを知らせながら生活を進める

学級活動の様子
天の川作り
(コツをつかむのに個別対応が必要だった人)

ⒸⒺⒻⒼⒽⒿⓄⓅⓍ
- 互い違いに切り込みを入れるところが難しい
- ギリギリまで切り込みを入れないので開きが悪い
- 途中、切り落としてしまう

砂場　ⓄⓊⒸ　ⓝⓡ

中央テラス

砂（雨どいで水流し）
自分たちでほとんど雨どいを組めるようになった。その時々で雨どいがくずれたり、水の流れを見たりしていて、すごく試行錯誤している。互いに声を聞き合いながら、間接的だがやりたいことを把握していて（受け入れるかどうかは別）遊んでいるように感じる。が、はたして本当に共有しているのか!?

C：教師が入らなかったらどんなことを共有し、どんな方法で共有しているのか確かめたい

(芝山)

ⒷⒽⓍ

ぴょんぴょこ岩
遊び出しはだれもいなかったので今日はもうやらないのかと思ったら途中3人が遊んでいた。汗をかきながら一生懸命で楽しそうだった。自分たちで程よい距離にすのこを置いていて、めあてがもちやすいことと、すのこを置くだけなので遊び始めやすいことも合っているようだ。

A：適度な距離にすのこを置いて、落ちないように跳んでゴールすることが楽しい
B：自分たちで難しくしながら遊びを続けられるといい
C：距離の目安になる紐を80cmから90cmにかえておく
C：ケンケンパのような置き方を提案してみる

保育者がかかわれなかった遊びの場面はABCを見出しにくく、翌日の課題となります。

保育者の読み取りA・B・C

保育者がよく見ることができた遊び場面はABCを記すことができます。

けやきの庭

記録者：山崎奈美教諭（東京学芸大学附属幼稚園）

2）週日案型記録

週日案型記録の特徴と意義

　短期の指導計画である週案や週日案の形式に沿って、その反省評価を記入する欄を設けている記録様式です。指導計画と記録欄が裏表になっている場合や、用紙の上半分に指導計画があり、その下部が記録欄になっている場合があります。例として24・25ページに掲載したものは、指導計画部分（記録2-1）と記録部分（記録2-2）が2枚に分かれている様式のものです。

　指導計画に対応しているので、その日の計画に対して子どもたちがどのように取り組んでいたのかが記録されやすい様式です。また、記録するスペースが限られているため、その日の保育の中で、保育者の心に強く残ったことを中心に記録される傾向があります。

　1週間の記録が1枚にまとまっていることで、前日の様子を見ながら記録を書くことができます。そのため、日々の遊びの変化や連続性を見出しやすい様式とも言えます。翌週の指導計画立案の根拠資料となり、週日案型記録の実態を参照しつつ、翌週の計画を作成することにつながります。

「♪くだもの列車」の壁面装飾

庭でケースを並べて「トロルの橋ごっこ」

3）個人名簿型記録

個人名簿型記録の特徴と意義

　あらかじめ、担当している学級全員の氏名を用紙に記載しておき、そこに個人の様子を書き込んでいく様式のことです。その日の保育を振り返り、個人の様子を思い浮かべて、どこで遊んでいたか、何をしていたかを書くことで、一人ひとりの興味や関心のありようや、遊びの傾向など、特徴を把握することができます。

　個人の様子を捉えるのに適した記録様式なので、入園当初に使ったり、進級児でも担任や学級編成が変わった年度当初に使ったりします。保育所の乳児については、このような個人の記録を1年間通してとることも多いと思います。

個人名簿型記録の例

　個人名簿型記録の例として2種類を載せました。26ページの記録3-1は、1日1枚を使う様式です。この記録用紙では個人のマークシールをつけていることで、名前と合わせて、一人ひとりの子どもを把握できるようにしています。特別に記録用紙を作成しなくても、学級名簿があれば、そこに記載していくこともできます。

　実際の記録内容を見てみると、遊びの状況や他児とのかかわりが書かれている子どもがいる一方で、「花つみ」のようにしていた遊び名しか記録できない子どももいます。個人名簿型記録で記録をとると、その日の保育で、自分が見えていた子どもと、よく見ることができなかった子どもが、はっきりとするのです。また、入園当初は、母親と離れがたくて泣くことが多かった子どもが、「朝、泣かなかった！」ということに大きな変化の姿です。このように、印象的な出来事も記録されやすいと言えます。

　記録3-2（27ページ）は、同じように個人のことを記録する様式ですが、昨日、今日、明日と連続して子どもの様子が捉えられるような枠組みとなっています。この例はエクセルの表を使って記録しているものなので、後からカルテのように、1人分の記録として整理して印刷することも可能です。つなげて見ることができるので、遊びの推移がわかり、その子どもの特徴がはっきりとつかみやすくなります。

記録2-1：3歳児学年今週の指導計画（11月3日～）

3歳児学年　今週の指導計画（11/3～）

あひるぐみ　担任：山田 有希子　佐藤 由香里　在籍：男児11名　女児12名　計23名
うさぎぐみ　担任：町田 理恵　廣川 朋也　　在籍：男児12名　女児11名　計23名

先週の幼児の姿	ねらい及び内容	環境構成
○紙でくるくる棒を作る、くるくる棒を組み合わせる、切り取ったものを先に付けるなど、紙を使って作ることに興味をもつ姿が多く見られる。また、作ったものを身につけたい姿が増え、お面ベルトを教師から積極的に使えるようにし始めた。使い始めのころは教師であることが多かったが、かぶっている幼児が増えたことで自分から使おうとする姿が増えている。自分なりに、クレヨンで模様を描いたり色画用紙を貼ったりして楽しむ姿が多い。作ることを楽しみながら使って遊ぶ姿を促したい。 ○積み木や庭のケース、ゴザや布等で場所を作って過ごすことを楽しむ姿が見られる。ままごと道具を持ち込んだり、時折広くしたりなどの姿が見られる。また、砂場のテーブルや小屋、ままごとコーナーなどを"自分の場所"としてずっと過ごす姿も見られる。一方、一人がたくさんものを使うので、あとから使おうと思っても使えない姿も見られる。それぞれが自分で自分の場所づくりに満足できるようにしたい。	○気に入った遊具や場所で遊ぶことを楽しむ。 ・自分から遊びたい場所や遊具を使って遊ぶ。 ・虫や葉、実などに関心を向けたり遊びに使ったりする。 ・教師や他の幼児と一緒に動いたりなりきったりする。	○気に入った遊具や場所で遊ぶことを楽しむように。 ・ペーパー芯や空き箱、手裏剣ができる色画用紙、お面ベルト、ままごとコーナーの食べ物を木片やどんぐりなどに変更する等、様子を見ながら出すタイミングや量を加減する。 ・作ったものを身に付けてなりきって楽しめるよう、どんぐりの塗り絵（お面）や動物の角や耳（ヤギの角、ウサギの耳、猫の耳）を新たに用意する。 ・教師が幼児の言っていることやイメージを受け取って遊ぶことで、楽しい雰囲気が周囲の幼児に伝わる場合が多いので、楽しい雰囲気の中で、それぞれの表す姿に寄り添っていきたい。 ・繰り返しややりとりを楽しめる絵本を取り入れたりするなど、なりきって遊ぶ楽しさを感じられるきっかけをつくっていきたい。 ・自分の場所が作れるように、積み木や庭のケースの使い方の調整をしたり、必要に応じて増やしたり、衝立やシートなどの導入も検討したい。
○親子園外保育では、穏やかな気候の中で、どんぐりをはじめ地面にあるものに興味をもったり、木々の感触に、ザラザラ・やさしい、などと言葉で表したりする姿が見られた。見たり感じたりしたことを言葉で表す楽しさを続けたい。 △作ったものやしていることに興味をもって、学級によらず同じ場所で遊ぶ姿が増えている。相手の学級の製作コーナーで作りたいものを作ったり、庭のショーに次々と参加していたりなどの姿が見られる。互いのしていることに目が向くようになり、興味をもってかかわる姿を大切にしたい。 △特定の幼児と一緒に遊びたい気持ちが見え始めているが、相手とタイミングが合わなかったりしたいことが合わなかったりすると、遊びに気持ちが向きにくい姿も見られる。また、たたかれた・いじわるをした、など、嫌な気持ちを訴える姿も増え、友だちとのかかわりに様々な気持ちを感じている。教師が積極的に受け止めたり、時には気持ちを切り替えられるようにしたりしながら、一緒に遊ぶ楽しさが感じられるようにしたい。 □おおよその幼児が自分でやるべき支度を終わらせて遊び始めている。生活面でやることは分かっていて、自分でやるが、リュックのファスナーが開いている、コップやタオルが粗雑に入っているなど細かな面では指導が必要なことがある。個別に必要なことを見極めながら声をかけていく必要がある。また、咳や鼻風邪をひいてマスクをしてくる幼児もおり、それらの始末や手洗いうがいを特に気を付けて行うことなどもしていきたい。	・親子観劇会に参加する。 △他の幼児とかかわることを楽しむ。 ・他の幼児の言動を見たり真似したりする。 ・楽しそうな雰囲気を感じて参加する。 ・「入れて」「貸して」等自分の思いを言葉で表す。 □身の回りのことを自分で行おうとする。 ・自分の使ったものは自分で片付ける。 ・防寒着の着脱を自分でしたり持ち帰ったりする。	・太鼓橋の使用については、安全面に十分目を配りながら、粘り強く取り組んで満足感を得ている姿に共感したり認めたりする。引き続き、裸足や手をもって上がらないことを徹底し、安全への意識を幼児にも気づかせたい。 ・身に付けたりなりきったりして楽しんでいる姿に親子観劇会が刺激になることを期待したい。学級や学年でもお話を楽しんだり、なりきる動きを楽しんだりする活動を取り入れながら、ストーリーを楽しむ体験を重ねたい。 ・教師や他の幼児がしていることに関心をもち、かかわろうとするように。 ・親しみを感じる幼児のそばにいたい気持ちや、同じことをしたい気持ちを、教師が言葉にしたり、取り組みのきっかけを作ったりして叶うようにしたい。楽しい雰囲気を感じて仲間に入りたい幼児が一緒に遊べて楽しかったという思いがもてるような場づくりや教師のかかわりを心がける。 ・トラブルやすれ違いには、適切なかかわり方や相手の存在や思いに気づけるように知らせたりしながら、教師が双方の気持ちを受け止め、安全に次の遊びが始められることを最優先する。 ・身の回りのことを自分で行おうとするように。 ・持ち物の始末や片付けでは、丁寧に取り組む姿を教師が言葉にして大いに認める。それぞれなりに意識して取り組む気持ちを高めたい。 ・靴の左右を間違える幼児が特定しているので、細やかにタイミングを見ながら、まずは確認できる意識を促していく。 ・防寒着を着てくる幼児が増えてきた。脱ぐ時に袖を出したり、降園時に自分でラックを確認して持ち帰ったりなど、扱いに意識を向けていきたい。

＜特別な配慮を要すると思われる幼児＞
う A児：4火から転入。事前登園では穏やかな雰囲気だったが、10月末に肺炎で入院した。緊張と体調を見ながら、安定していかれるように、保護者とも連携していく。
う To児：園外保育で親子で弁当を食べる様子から幼いことを再認識。幼稚園では頑張っている様子。
う Ri児：片付けの終わりなど活動と活動の間に積み木を崩したり、投げたりすることがあった。してはいけないとわかっていてもしてしまう姿が増えてきたので、きっかけをつかんで指導していきたい。
あ K児：立ちやすく動きやすくなり、思わぬところに移動していることも増えたので、動きを目に入れておくことを特に配慮し教師間で声を掛け合うようにする。一方、腰の固定具の角度が狭まったためおむつ替えがしにくくなり時間がかかるようになった。補助Tの役割を教師間で話し合いながら、他の幼児とのかかわりが増すように必要なところと手厚すぎない状況作りを意識する。

＊安全について
・ステッキや紙を丸めたものなどを持ち歩いたり振り回したりして顔に当たることがある。動きの調整は難しいので、その都度、声をかけていく。
・太鼓橋で歯を打つ怪我が起きた。Tは見ていたものの、本人はその場で泣かず、訴えず、Tは気付かなかった。翌日保護者から伝えられて知る。様子を丁寧に見たり、何かあった時は教師に伝えるよう学級で指導を行ったりする。

	11月3日（月）	4日（火）	5日（水）	6日（木）	7日（金）	備考
	文化の日	＊PTA 役員会（遊戯室） ＊火曜参観／干柿作り 　写真掲示	☆赤石T　保育検討会 （学生 10名）	＊4歳保護者参加	＊親子観劇会 P：関附連	○歌・手遊び・動き 幸せなら手をたたこう ♪山の音楽家 ♪まつぼっくり ♪どんぐりころころ ♪くだもの列車 ○リズム ♪おひさまパワー 忍ジャー
	＜好きな遊びの時間＞ 3歳庭：太鼓橋 食べ物：木片・どんぐり・波段ボール マラカス お面ベルト・マント・動物の耳・どんぐり3種 ＜学級・学年＞ お話で遊ぶ 3匹のやぎのがらがらどん 製作　クレヨン画（水色） どんぐりころころ 遊戯室：裸足・手で歩く 相撲・雑巾がけ	☆面談掲示／う：転入 9:00　○登園する ○好きな遊びをする 10:30　○片付ける 11:00　○学年で集まる 『がらがらどん』のエプロンシアターを見る 11:30　○弁当を食べる ※どんぐりコロコロ絵具 13:00　○学級で集まる 13:25　○降園する ＊親子観劇会集金	11:00　○学級で集まる ・ヨガ：動物になろう 11:25　○降園する	11:00　○学級で集まる ・くだもの列車/果物を描く 11:40　○弁当を食べる ※どんぐりころころ絵具 13:00　○学級で集まる ♪くだもの列車 13:25　○降園する ＊写真申込み	9:30～10:30 ○親子観劇会 ざんばらりん劇場 ・けやきの庭で遊ぶ 11:40　○弁当を食べる ＊上履き・カラー帽子	

記録2-2：3歳児学年（11月3日～7日）

個別に配慮したり、気になったりする子どもの姿を続けて捉えています。

	11月3日（月）	11月4日（火）	11月5日（水）	11月6日（木）	11月7日（金）
反省・記録	（文化の日）	＊3連休明けのためか、人によってのんびりだったり興奮気味だったり。 ＊A児B児 何かと泣くが、気分も変わりやすい。次のステップ？周りが見えるようになって不安や不満が増えた？ ＊K児←E児R児 一緒に遊びたくて2人がついていく。K児は前週から続けてマラカスを持って「音楽会」と言って築山に行く。10時過ぎ頃一段落するとK児は太鼓橋や保育室をうろうろ。K児の調子によって、3人で楽しい時と離れる時があるが、自分なりに動ける姿を見守る。 ＊ままごとコーナー：T児N児—珍しい2人。じっくり料理。T児はどんぐりを手荒く扱うがN児が丁寧にお皿に盛り付け落ち着いているので興奮しすぎず、いい雰囲気。物の扱い方を知らせたいが、かかわれない……。 ＊弁当前—がらがらどんのエプロンシアターとT3人がお面ベルトに角を付けて実演。Tは橋を渡るところだけ登場。トロルが繰り返し出てくるところや、小—中—大とヤギが大きくなっていくところに集中していた。⇒弁当後、庭でケースを並べてトロルの橋ごっこ。	＊10時ころまでが一区切り。その後に続かない、またはその後の切り替え？が課題。 ＊Tから『ももたろうごっこ』鬼探し。H児とS児お面にも△マークをつけて鬼になる。 ＊積木—電車、と言って並べる。M児はお面とマント。「猫電車」とM児が運転。くるくる棒をのぞいてみる、掃除機、太鼓に見立てて扱う。積み木の隙間のごみをみる。ダンゴムシの本をもってくる。Tがいなくなると庭に出ていく。 ＊A児B児C児S児—防災頭巾にはまった人たち。防災頭巾を広告紙で作って避難訓練ごっこ。 ＊N児：10：20までかかって、クレパスで色を塗りつぶしカラフルに作る。細くいくつも切って手作りバッグに入れる。細く切ったのはジュースと言っていたが、これをどう生かしたいらしい？ ＊学級—動物の動き 猫—足上げ　蛇—くねくね　ワニ—口を大きく開ける。言葉のイメージを楽しむよりも、わかりやすい動きを真似するのが楽しそう。ワニは、両手を口のように広げながら、自分の口も大きく開けていてかわいかった!! ＊手遊び♪芋ほれホーレで、Y児とZ児 very nice！小さい畑を小さく掘る動き、真剣！	＊E児B児—それぞれ泣きながら登園 ＊F児—ピンクエプロン、Tがやって見せたがらがらどんのイメージで絵も描く。エサがポケットに入っている。 ＊Y児I児V児—お面ベルトに色画用紙がついてすごく邪魔そうだが、3人でとても楽しそう。特急ジャー。 ＊広告棒で戦い ＊A児何度も「力の出るキビ団子」と言われ、A児「団子はいかがですか」と何度も聞く。 ＊魔女になる—マント・帽子・ステッキなど、一応自分の使うものは自分で作り、身に付け庭に出て行く。 ＊学級—果物の絵のびやかに描ける人、……の人、違いが大きい。しっかり握り、力を込めて塗ること自体が難しい様子もちらほら。身体づくりが必要……。 ＊どんぐりころころがうまくできない人と、クレヨンの難しい人は一致する。少し柔らかくなった箱だと、途端に難しい感じ。	＊観劇会の後で、自分からしたいことがいっぱい。庭に出る。弁当後は服を作って着て出ていく。剣作り、魔女／作る⇒身に付ける⇒外へしたいことがはっきりある幼児が多かった。 ＊E児B児—それぞれ泣きながら登園。それでも、ウサギにはなる。 ＊観劇会—M児は意味がよくわからず集中しにくい。参加型の劇は、子どもも動けるので人気。 ＊V児—特急ジャーのお面ベルトを作るのに夢中。昨日と同じベルトを作って「変身!!」と気分が上がる。 ＊魔女になるメンバーは、今日も身に付けて庭へ。残しておいてよかった!!+K児 E児 R児も作る。K児が作るから、2人かつられるが、それでも、自分で作って遊ぶきっかけになるからよい。

学級全体の雰囲気や様子から反省・評価しています。

学級活動として計画した活動の取り組みについて、記録に残そうとしています。

○指導計画（★）とつながる姿の記録です。
○作ったものを残したことで、昨日から今日へ遊びが続いていることがわかります。

記録者：山田有希子教諭（東京学芸大学附属幼稚園）

記録3-1：3歳児学年（5月11日）

5月 11日（月） 天気 晴れ

A児
・キャンディの ぬりえ
保育室にほとんどいなくなっても外の様子を見ながら、ぬりえ。最後はK児 L児の井型ブロックに合流。クレヨン落として泣く。

B児
朝は泣かず、母はさらっといなくなる。
Tと築山近くで木のこぶを発見。

C児
朝大泣き。
Tが側にいると落ち着く。
花をつもうということで外へ。

> 入園当初なので「安定」「安心」に視点をもって個人を見ていることがわかります。

D児
K児 L児と砂場へ。
だんだん離れて机を小屋の近くにどんどん集める。ござを持って移動しようとしたり（Tとめる）
Tが出した花をつむカゴ（新しいもの）を不必要にほしがったり、どんどん目につくものに関心が移る。

E児
・赤いバス（ぬりえ）。
・Tが誘うと外へ。
砂場でジョウゴ。
「いっぱいできたー」
（穴をたくさんあけるようにTには見えた）
朝泣かなかった！

F児
外へ。
おどりは楽しみにしている。
(小)

G児
Tを誘うが（滑り台）なかなか一緒に遊べず……
砂場の電車走らせる。

> 個人名とマークシールがあることで、個人を一致させやすい用紙です。

H児
M児と砂場
型抜きをして「アップルパイ」。
M児と花をカゴにつむ。

I児
L児と花つみ。

> 遊び名と一緒にいた子どもの名前しか書けないことから、明日はI児をよく見たいという保育のポイントがもてます。

J児
O児 D児と砂場。
J児 2人の誕生日パーティーをしようとしている。遊び始めO児に砂をかけられ泣きそうになるが、Tが気持ちを受け止めるとそこまで引きずらず、一緒に遊ぶ。

> 保育者が用意したカゴを手に持つことで動き出したり、花を摘んで入れられることから遊びだしたりしている様子が捉えられます。

記録者：宇賀神彩教諭（東京学芸大学附属幼稚園）

記録3-2：4歳児学年（4月23日〜）

> 新学期、連日のように登園時に泣いていることから、保育者は積極的に援助しています。

	A児	B児	C児	D児	E児	F児
4月23日	積み木が他児に使われていることを受け「椅子の積み木で作る」と言い、椅子を並べてオオカミを寝かせる。後半、M児と同じ猫を作り、砂場の水で運転する。	ままごとコーナーで折り紙を丸めた材料を作っていたので、京花紙の料理の作り方を教えるも、続かず。持っていたハンドルを使えるように椅子を出すと、喜んで運転する。後半お化け屋敷に参入する。	母子分離で泣く。ウサギの世話を一緒にしている間に気持ちが持ち直す。後半は中型積み木で家を作り、京花紙でデコレーションしたり、食べ物を作って鍋で煮るふりをして楽しむ。	昨年の年長児の暗闇迷路を想起したようで、お化け屋敷を作りたいと言う。大がかりなものはできないと思い、テーブルの周囲を段ボールで囲って暗くして通り抜けられるようにする。自分たちで段ボールを貼り付け、できると繰り返し楽しむ。お化けも自分で書く。	Y児と一緒に戦いごっこをする。走り回って危ないので、Tがどうするか尋ねると、「敵が欲しい」と言う。段ボールで作り、それをぶった切れるようにする。Y児は途中であきたり集中が途切れたりする中、根気強く最後まで作ろうとする。	段ボールの時計のそばに積み木を並べて家を作るも、作ることが定まらずにふらふらする。持っている武器をスターウォーズに関連付けて話しかけると気分よく製作コーナーでライトセーバーを作る。
4月24日	くるくる棒に紙テープをつける。2mくらいの長さで振り回したいようで、戸外に出る。しかしながら、長いため他児に踏まれたり、砂場の水で湿ってちぎれたりして、うまくいかない。他児にとっては長いリボンがひらひらと動くので踏みたくなるという悪循環だったが、本人は振り回しながらプリキュアになって楽しむ。	昨日の車の楽しさが残っていたのか、椅子を同じ位置に動かしていく。他児がそれに反応しなかったため、積み木を組んで家を作る。後半はT児たちのダースベイダー倒しごっこに介入し、並んでは倒すことを楽しむ。風車のコーナーにも興味をもち、かかわる。	登園時、幼稚園の門の前で泣き始める。母親が用事で友だちの母親の送りだったのもある。ウサギに餌をあげて気持ちが落ち着く。昨日の続きがしたくて積み木で家を作る。ティッシュを使って料理を作ることを繰り返し楽しむ。	また、お化け屋敷を作りたいと言いながら登園する。が、昨日の場所ではなく、積み木を動かし始める。昨年度の年長の暗闇迷路が作りたいようだ。屋根に板も使おうとするが、積み木が小さいためトンネルの形状にならない。作ることを楽しんでいる様子だったので、見守る。後半ダースベイダーごっこに加わる。	中庭に設定した風車コーナーに興味をもちかかわる。教師が穴をあけないと難しい部分があったが、自分でやろうとして、何度も繰り返し試行錯誤する。最終的にくるくる回る風車ができて大満足。	昨日のライトセーバーを少し改良したら、それを振り回して走り回っているので、「何かと戦って倒したりはしないのか?」と尋ねると「ダースベイダーを倒す」と言うので、段ボール箱を3個積み上げ、一番上にダースベイダーの顔を描き、2段目にマントをつけて、3段重ねたものを倒して遊べるようにすると喜んで繰り返す。
4月25日	製作コーナーからではなく、登園後からすぐ外に出る。ウサギをリードでつないだから&昨日に続き、風車が設定されていたから。ほとんどかかわれない。テラスから保育室の中の教師に対して花のことや砂場のことなどを伝えに来る。教師が認めると嬉しい表情をして戻る。自分で遊びを見つけようとしているので後回しになってしまう。	一昨日のお化け屋敷が楽しかったのか、登園後すぐにお化け屋敷を作るという。今度は積み木で作りたいと言い、昨年度の年長のお化け屋敷のイメージが強いようで、そこで積み木を縦に置き、板を渡す方法を示すと、喜んで作り始める。画用紙を置いておくと、自分で絵を描いて中に貼る。	登園時、泣く。やはり進級後すぐに水疱瘡で休んでいたので、ペースがつかめないのだろう。スキンシップが必要と思う。抱き抱えながら他児の対応をしていると、次第に周囲の状況に興味をもちながら安定してくる。自分で部屋に入ると料理を作る道具を出せと言うので、ティッシュと京花紙のセットを渡す。エプロンをつけて家を作る。	戸外に出る。前半は砂場で遊んでいたが、かかわれず。後半、動きを変えようと、教師が風車を持ち、走っていると、自分も作ろうとする。できあがったものを持ち、何度も走り回る。一緒にだちも動きを合わせる姿もあり、D児の嬉しそう	「今日も風車を作る」と言い、風車のコーナーに行く。後半は砂場に行く。かかわれず。	前日から取り置いたライトセーバーを持ち、振り回す。ダースベイダーを他児の家に持ち込み、それを倒して遊ぶ。単純な動きの繰り返しでおもしろさを感じなくなったのか、武器を持ち戸外に出る。ジャングルジムに登り、周囲を眺める。「作る」という、目に見えて出来上がっていくことが楽しいのかもしれない。

> 日々の連続で記録を書くことができるので、いつもとの違いやつながりを捉えやすくなります。

> 記録がほとんどなく、保育者がかかわれなかった子どもがひと目でわかります。

記録者：中野圭祐教諭（東京学芸大学附属幼稚園）

4）連絡帳としての個人記録

記録4-1：2歳児（11月5日）

<table>
<tr><td colspan="3" align="center">連　絡　表</td></tr>
<tr><td colspan="3" align="center">11月　5日（火）</td></tr>
<tr><td rowspan="6">家庭から</td><td>睡眠</td><td>9時40分から　　7時20分まで</td></tr>
<tr><td>朝食
(内容、量)</td><td>ポテトサラダサンドイッチ　　　多、㊥、少
ミルク、ヨーグルト</td></tr>
<tr><td>排便</td><td>　回（夜、朝）（硬い、普通、軟便、下痢ぎみ）</td></tr>
<tr><td>お迎えの人</td><td>㊕、父、その他（　　　）18時15分頃</td></tr>
<tr><td>健康状態、変わったこと家庭での出来事など記入してください。</td><td>連休中は、大学祭、公園、買い物、バスと電車…とMの楽しいことばかりもりだくさんでした。一番楽しかったのは…と聞いてみると「ヨーカ堂でタイコ（のゲーム、お金なしですが…）ドンドコドンってたたいたのがうれしい」と言ってました。なんだかガッカリします。</td></tr>
<tr><td colspan="2"></td></tr>
<tr><td rowspan="4">保育園から</td><td>睡眠</td><td>1時05分から　　2時25分まで</td></tr>
<tr><td>昼食</td><td>よく食べた、㊕、半分、少量、全然食べない</td></tr>
<tr><td>排便</td><td>1回（硬い、㊕、軟便、下痢ぎみ）</td></tr>
<tr><td>保育園での様子</td><td>幼児組が芋掘りだったのでゆり組もおこぼれがもらえたらいいなあ…と思ってリュックを背負い、見学しに行きました。畑に着くとなんとゆり組も掘らせてもらえることになり、やる気まんまんのMちゃん。次から次へと小さなお芋や大きなお芋が出てくるので感激しっぱなしでしたよ。大きなお芋を2本両手にかかえ「おみやげにしたらママが喜ぶね!!」とMちゃん。「大きなお芋は保育園で食べるものだからみんなは小っちゃいのにしようね」と声をかけると、残念そうにしていたもののリュックに小さなお芋が入ると満足そうにしていましたよ。</td></tr>
</table>

学級全体の様子がわかります。

個人の様子を書くことで、その子どもの成長記録となり、保護者と共有することができます。

記録4-2：2歳児（11月6日）

```
               連　絡　表
            11月　6日（水）
      睡　眠  10時00分から　7時20分まで
      朝　食  たまごかけごはん            多, 中, 少
家庭  (内容,量) さつまいものヨーグルトかけ　やさいジュース
か    排　便  0回（夜,朝）（硬い,普通,軟便,下痢ぎみ）
ら    お迎えの人  母, 父, その他（祖母）17時30分頃
      記入してください  健康状態,家庭での出来ごとなど
      帰りながら「おいもごはん作って！」とリクエストされました。
      おいもをふかしてごはんにまぜ、ごま塩をふっただけなの
      ですが喜んでパクパク食べてました。まっくろになった靴も、
      おふろに入りながら洗うと、Mも「やりたい!!」と手伝って
      くれました。「いっぱいほったんだね。くつがまっくろ！」と母
      が言うと「Mちゃん、こんなにほったんだよ」と体でいっぱ
      いに表現してくれました。

      睡　眠  12時50分から　2時30分まで
      昼　食  よく食べた, 普通, 半分, 少量, 全然食べない
保            サラダ寿司おかわり
育    排　便  1回（硬い, 普通, 軟便, 下痢ぎみ）
園    保育園での
か    予定外にできた芋掘りでしたが、喜んでくれている様子
ら    を知ると、良かった！と思います。やっぱり、見るのと
      実際にやってみるのでは感激も大きいのでしょうね。
      庭であそびました。事務所横のスペースでテーブルや
      椅子を並べて女子メンバーが集まってままごとが盛り上
      がっていました。仲良くあそんでいるかと思うと、場所や
      物をお互い譲らず、激しいバトルも時々起きています。
      それでも「皆で一緒にけんかしないであそべた方が楽
      しいよねぇ…」と何気なく言うと「ウン」と言ってお友だ
      ちにも優しくできるMちゃんでした。
```

園での様子が降園時の親子の会話や帰宅後の生活につながっていることがわかります。

園生活 → 家庭 → 園生活 というつながりで保育者は子どもにかかわることができます。

集団の中でどのように人とかかわっていったらよいかを援助していることが保護者にも伝わります。

連絡帳の特徴と意義

1日1枚の日誌型で、保育者と保護者がそれぞれ記載する欄を設けている様式の連絡帳（保育所2歳児）を例に載せました。連絡帳は、園と家庭とで共有する個人記録ということもできます。

家庭での生活の様子が、園生活に連続します。睡眠や食事、排便などの様子を知ることで、寝不足だから調子が悪いのかもしれないと判断したり、家庭での出来事を話題にして子どもとの会話を楽しんだりするなど、保育者が子どもの背景にある家庭生活を理解することから、援助につながる部分も多いのです。

保護者にとっては、自分の子どもが園でどのように過ごしているのかがわかる貴重な情報源です。また保護者が記録を読むことで、保育者の見方やかかわり方を知り、子どもについての理解を深めたり、子育ての悩みを解決したりするなど、子育て支援の面もあります[注2]。同時に、園との信頼関係を育むものともなります。

注2：今井和子『保育を変える記録の書き方 評価のしかた』2009、ひとなる書房

記録5：4歳児学年（11月20日）

記録者：井口恵美教諭（東京学芸大学附属幼稚園）

5）日誌型記録

日誌型記録の特徴と意義

　記録5は1日につき1枚、天候や出欠状況、学級の様子など、登園から降園までを順を追って記録できるような枠組みの様式です。登園から降園まで時間を追って、子どもの姿と自分の援助について振り返るような日誌型の記録用紙は、教育実習生や新任保育者などにとっては書きやすいかもしれません。

　子どもの姿、援助に加えて、その読み取りや次に必要な方向なども意識して書くようにしたいものです。

2 必要に応じて工夫した記録

保育者の必要感に応じて、いろいろな枠組みを工夫している記録様式を紹介していきます。（田代幸代）

視点を絞った記録

記録6は、視点を絞った様式の例として、子どもたちのはさみの使い方について記録したものです。集団生活の中で、はさみを使う指導を学級全体で経験した後、初めて自由にはさみを使ってタコやイカを作って遊べる環境を用意したので、一人ひとりの取り組みの様子を把握したいと思いました。保育後に作品を見ながら、だれが取り組んでいたのかを確認したり、切り込みの入れ方からはさみの使い方を見取ったりして、記録したものです。

こうした記録をつけてみると、新しい環境に自分からかかわろうとしてくる子どもが多いことがわかったり、H児のように、数日経ってから取り組む子どもがいたりすることに気づきます。D児に注目すると、5月9日に取り組んだものの、その後はやっていません。はさみの使い方が△マークになっているので、「はさみがうまく使えなくて楽しめなかったから、またやってみたいと思えないのかもしれない」と推測することができます。D児が次にはさみを使う場面があったら、技能的な部分を見ようという方針がもてました。また一度もこの活動に取り組んでいない子どもがいることがわかり、「明日はB児を誘ってみよう」というように、援助の対象が決まりました。視点を絞った記録からの気づきや発見から、次の援助の対象や場面が明確になるのです。

記録6：3歳児学年はさみの記録

名前	海の生き物製作	はさみの使い方
A児	5/9 5/10	○
B児		
C児	5/9 5/10	○
D児	5/9	△
E児	5/9 5/10 5/11	◎
F児	5/10 5/11	◎
G児	5/9 5/10 5/11	◎
H児	5/11	△左手

B児：この活動を経験していないことがわかります。直接声をかけて誘うなど明日の保育のポイントにします。

H児：保護者に様子を伝え、左手用はさみの購入を相談することにしました。

E児：この活動に興味をもって継続して取り組んでいることがわかります。

D児：慎重に取り組む子ども、新しい環境にゆっくり気づく子どもという理解につながります。

切り込みを入れるだけで、作れるような教材を考える。

テーマに応じた実践記録

　保育実践の中で、注目したい場面や、園で研究したいテーマに応じて、様式を決めて記録を書くという方法もあります。例えば、いざこざになった場面の記録を残していくことで、人とかかわる姿の育ちを捉えていったり、体を動かして遊ぶ場面の記録を書くことで、運動発達の様子をまとめたりすることができます。また、個別の配慮が必要な幼児の記録を残して、その子どもの理解や援助の手立てを考えていくような取り組みもできます。

　記録7は、「集中して遊ぶ場面」をエピソードとして残し、そこから「内面の変化」「学び」「教師の援助」を考察して、幼児期の思考力がどのように育っていくのかを見出そうとしている例です。同じ様式の記録を園全体で積み重ねていくことから、子どもの学び方の変化や発達に応じた援助などをまとめていくことができます。

　自分1人では忙しさに流されて記録が残せない場合もありますが、このように園全体で取り組むことで記録を計画的に収集することにつながります。記録は、情報共有や保育実践を検討する材料にもなります。

〈集中して遊ぶ場面のエピソード：3歳児5月〉

　C児がジョウゴをさかさまにしたものの上にドーナツ型をのせ、そこにコップで水を注いでいる。じっと見て慎重に注ぐ。ドーナツ型の中にこぼれた水を注いだり、コップから直接ジョウゴの穴に注いだり、穴に水を入れることを繰り返す。注いでいるうちにジョウゴの水位が上がっていることに気づいて「まんぱいにする」とつぶやく。ジョウゴが底につくように支えながらコップですくってはジョウゴに入れる。いっぱいになったところで持ち上げると満足そうにする。

記録：町田理恵教諭（東京学芸大学附属幼稚園）

> 研究テーマや研究方法に合わせてエピソードを整理し、まとめ直します。

記録7：試行錯誤する子ども

扱う

「まんぱいにする」

3歳5月

砂場で遊んでいたC児が、水を汲みにタライのところにやってくる。

なんとなく目についたジョウゴの穴に持っていた道具で水を注いでみた。やっているうちに面白くなってきて、偶然容器に残った水も穴に入れてみたり、違う道具を使ってみたりしている。

いろいろとやってみる中で、偶然の結果がついてくるため、それがまた次にやってみる姿につながっている。偶然と行為の繰り返しを楽しんでいるのでこのエピソードを「扱う」と捉えた。

内面の変化

❶対象への興味や関心
（穴に水を注いでみようと思う）
❷対象にかかわることによって生じた偶然の結果から引き出された新たな興味や関心
（手近にあった他の道具でも水を注いでみようと思う）
❸対象にかかわることによって生じた偶然の結果に対する気付き（ジョウゴに水が溜まること）
❹面白さの発見
❺満足感・充実感

学び

対象についての学び
・様々な道具を使ううちに入れやすい道具があることに直感的に気付いていること

対象とのかかわり方についての学び
・こぼれないようにじっと見ながら慎重に注いだり、ジョウゴをタライの底に押し付けたりしていること

対象とかかわる自分自身についての学び
・偶然の結果に気付き次の行為を繰り返すこと
・たくさん水が溜まるまでできたという満足感を得たことや、溜まった水が全部出たという充実感

教師の援助

教師は、C児が自分なりに行為を繰り返している様子を大事にしたいと思い、見守っていた。C児は、教師に見守られている安心感をもっていたのだろう。

水が抜ける様子をじっと見た後、教師に視線を向けたので、していることを教師に受け止められて満足という気持ちがもてるように、「ジャーってなったね」と声をかけた。

東京学芸大学附属幼稚園平成27年度研究リーフレット「試行錯誤する子どもと教師」より　執筆：町田理恵教諭

保育時間と預かり保育時間を連動させる保育者間連携記録

複数の保育者が、時間帯で担当を交代しながら保育を進めるような場合に、情報共有できる保育者間連携記録を工夫している園もあります。担当保育者や時間帯によって、子どもが見せる姿は異なる場合もあるでしょう。また、それぞれの担当する時間帯以外の子どもの姿がわかることで、理解の幅が広がり、援助に生かすことができます。

記録8-1、8-2は、こうした保育者間連携の記録例です。コアな時間を担任保育者と過ごした後、すぐに降園する子どもがいる一方で、夕方まで保育が続く子どももいます。この記録例の子供園では、午睡から担当が代わり、嘱託職員が保育を行うシステムで「夕保育」と呼ばれています。

この日は午前中に「とんぼ来い来い作戦」として水場にしかけを用意して、とんぼが来るのを待っていたという記録がありました。夕方、本当に園庭にとんぼが飛んできて大騒ぎになった様子がつながり、さらに、鬼遊びにとんぼやちょうの動きを取り入れて楽しむ子どもたちの様子がありました。

記録8-1（表面）：4歳児学年（9月27日）

	ぱんだ組　平成25年 9月27日（金）出席 男児：19名 女児：10名	
時間	○子どもの動き・指導上の留意点	
7:30	○順次登園	
	○好きなあそび	午前中の姿が記録されています。
	・おにぎり作り	
	・遠足ごっこ	
	・引越鬼・バザーごっこ	
	・経験画を描く	
	・パレットえのぐの使い方を丁寧に知らせる	
	・子どもの思いをききながら、一緒に場をつくったりして遊ぶ	
10:30	○片付け	
11:00	○ホールで平均台ジャンプ	
	○リズム体操	
11:45	○お弁当の支度	
12:00	○いただきます　好きな遊び	
13:15	○絵本『のみのぴこ』	
13:30	○かえりの支度	
13:40	○降園	

翌日、こうした記録を読んだ担任保育者が、鬼遊びに昆虫のイメージをアレンジして、さらに楽しく遊びが展開したそうです。互いの記録がつながることで、担当保育者が代わっても子どもの興味や関心がつながる保育を実践されていることがわかります。

2章 様々な様式の保育記録

ねらい：
内　容：

<遊び>　とんぼ来い来い作戦

とんぼをどうしてもつかまえたいと言い、
とんぼをよぶ場を作る。
水のところに来るよと言うと、カップに水を
入れて虫とりケースに入れてフタをあけておく。
森っぽく木の枝、どんぐり、花のたねもまわりに
飾ってとんぼを待つ。

→夕方、園庭にとんぼがとんできて
　大さわぎになる。

> 午前の姿とつなげて子どもを理解することができます。

> 裏面に「夕保育」の記録をします。

記録8-2（裏面）：4歳児学年

A児	ぐるっとまわってこっちに来て等 言葉とかんたんな動作で 理解できるようになってきた
B児	平均台、足の動かし方も わからなかった様子だった。
C児	両足とびをとてもリズムよく行う
D児	みんなで絵本を見た時に大きな 声を出してしまう。大きな声で 話さないでと声をかける
H児	他の友だちといっしょにすごすが、 片付けになると、見ただけ、 やっていないと言うことがある
I児	絵の具ではじめて絵を描く。 自分の思い通りにえがけないと やめてしまおうとする
J児 K児	いっしょに絵を描き始めると お互いの絵を見ながらになって しまう。「あれ？同じ絵なの？」 とのぞくとK児はかえようとするが J児はどうも相手が気になる様子。
J児	夕方もそうだった。K児が作り 始めた花をまねして作ろうとするが、 「できない」ばかりに。「私はこう したい！！」思いが出てくると 「作ろう」になっていくと思うが 「同じように」作ろう とばかりしてしまい つまらなくなる。 「私はこうする！」 をひき出したい。

（トイレットPしん、牛乳パック）

夕保育

> 「夕保育」ならではの生活の様子が丁寧に記録されています。

午睡のリズムがずい分ついてきた。
自分ですっと寝るようになった。今日寝なかったのは
O児 B児。でも体は休めていた。
寝起きがとてもよくなった。いただきますまでに
S児は間に合わなかったが自分でよく動き支度していた
のでもう一息。F児 G児もめざめよく。

外遊び　G児 鬼ごっこしよう…とやってくる。
B児 C児 O児 たちでスタート。
やっているうちに P児 Q児 も入り、思い切り走る。
I児 も入ってくる。O児 はちょうになり切って羽の
動きもすてきにしたりする。ときどき「とまってるの」
とくっついてくる。これもよいかも。
きりん組は本気で追いかけられることが嬉しいし、
そのスリルを味わいに入ってきている。
ぱんだ組は倉庫のうらに入ったりしているが、
鬼のうごきをとてもよく感じとっていて、
気配をよみとりすばやくにげる。正に虫のよう。
かなり夢中になっているところがとてもよい。
しばらくつづくとよい。走る心地よさも逃げる
スリルもたのしい。そこを大切にしていきたい。
D児 が気持ちが落ち着かず友だちのものでも
ほしいと思うと力ずくで取ろうとしてしまい、
声をかけてもなかなか落ち着くことができない。

> 子どもの捉え方や保育者の思いがよく伝わるような記録になっています。

<引き継ぎ事項>
R児 転んでおひざを少しすりむく。
地面にぶつけたとのこと（AM）

> 項目があることで情報を共有しなければならない事項がもれなく伝えられます。

記録者：土方恵子教諭（杉並区立堀ノ内子供園（当時））

3 機器等を使用した記録

保育実践を記録するものとしては、文字で残す記録のほかにも、
ビデオ、カメラ、ICレコーダー、専用ソフトウェアによって入力した記録など、
多様な方法があります。

（田代幸代）

1）ビデオ

　子どもの動きや表情、作品を作り上げる過程など、文字で詳細に書くのは難しいことでも映像なら手軽に記録に残せるものです。

　再生する機器と場所さえあれば、いつでも対象場面を繰り返し見ることができるので、後から保育者同士で見合って話し合うことも可能です。同じ場面を繰り返し見ることで、対象の子どもや遊びについて、詳しく分析したり考察したりすることもできます。

　反面、映像を視聴するには時間もかかります。また、ファインダーに入っている場面は、撮影者によって選ばれた場面であり、画面以外の周辺で起こっている出来事は、記録に残りません。切り取られた場面であるということを前提に、また、遊びは周囲の出来事と関連して影響し合って展開されていくものなので、その点を考慮することが必要になります。

2）カメラ

　写真が1枚残されているだけでも、それを見るとその時の状況を思い出したり、環境を再現したりすることが可能です。また、写真を掲示しておくことで、それを見ればある程度の様子がわかるので、保護者や外部の方に様子を伝えやすい面もあります。

　デジタルカメラの普及により、撮影したものがすぐにプリントできるのも手軽な記録方法と言えるでしょう。

3）ICレコーダー

　子どもが話している内容を録音して、言葉をやり取りする様子を分析したり、保育者が身につけて保育することで、自分の声のかけ方や指示の出し方などの援助を見直したりすることに活用できます。

4）専用のソフトウェアによる記録

　パソコンに専用のソフトウェアをインストールして使用する園も増えてきているようです。日誌型や個人記録型が連動しており、天気や出欠状況を入力すると、個人の記録にも反映されたり、これらの記録が年度末の「学籍の記録」「指導の記録」と連動したりするなど便利な面もあります。

　文字記録についても同様ですが、こうした記録は個人情報が多く含まれるものとなりますので、その整理や管理については、十分に留意しなければなりません。

保育実践に記録を生かす

3章

子どもが自ら周囲のものや人とかかわり、
生きる力を育もうとするのが、
幼児期の教育の特徴です。そのためには、子どもが夢中になって
遊びを楽しめるようにすることが必要です。
また、思う存分楽しんだ遊びが、関連して多様な体験に
つながるよう保育を構築する必要もあります。
この章では、このような保育を構築するために、
保育記録を生かした取り組みを載せました。

日の記録から次の指導計画へ

幼児理解と援助を振り返りながら記録を書くことが、翌日の保育のねらいや内容、環境の構成といった指導計画の立案につながる実践を紹介します。
実践事例の提供は八木亜弥子先生（東京学芸大学附属幼稚園）です。

記録を書きながら、保育の課題に気づく

　3歳児学年の10月中旬、運動会や遠足などの秋の行事が一段落した頃、子どもたちの遊びの記録を書いていると「教師にくっついて遊びだせずにいる」「積み木を積んでは壊すという遊び方をしている」「ひっかいたり叩いたりのトラブルが続いている」など遊びに満足していない様子を繰り返し書いていることに気がつきました。私は、先週は台風での休園や遠足があり、いつもと違う流れの1週間で落ち着かなかったからかもしれないな、今週は新しい遊びが出てくるといいな、と思いながら週の計画を立てました。

　そして、ほかの幼児や教師とかかわりながらなりきって遊ぶ楽しさを感じられるように保育を進めていきたいと考え、新しい遊びのきっかけとして、お面ベルトや、動物の耳に見立てられる形に切った紙などを用意しておくことにしました。

記録からもう一度、子どもの姿を丁寧に捉える

　私はこの時、子どもたちの遊びに満足していない様子を捉え、新しい刺激が必要と考えて環境を構成し、さらにかかわって遊ぶことまでねらっていました。しかし、その週の子どもたちの様子を見ていくと、教師の思いと子どもの姿にずれがあることに気づきました（39ページ、表1）。

　①から④の記録を見ると、「なりきってかかわって遊ぶ」というより、一人ひとりが物や場を見立て、自分のしたいことをしているという姿が見えてきました。

翌週のねらいを修正する

　今週の記録を見直し、私は、子ども同士のかかわりを求める前に、まずは一人ひとりがなりきったり見立てたりすることを十分に楽しむことが大切なのではないかと考えました。そこで、翌週のねらいを「なりきったり見立てたりして遊びながら自分の思いを表す」と修正しました。

　そして、教師の援助として、友だちとかかわらせようとするのではなく、作った物や気に入った物、場所を介して遊べるように、教師も動きを出しながら自然にかかわるきっかけを作っていこうと考えました。

表1：今週の記録を見直す

<記録①>
B児は3種類のお面を作る。囲いを置いて、その中でH児と2人で折り紙をしている。なりきって遊ぶというより、お面をかぶってしたいことをすることを楽しんでいる。

<記録②>
A児、K児、Y児が広告を丸めた棒をステッキに見立て、「まほう」と言う。教師が黒い帽子を作ると「それ欲しい」とかぶってステッキを振る。新しい刺激を求めていたのかも。作った魔法のステッキを持って、それらしく動くことを楽しんでいる。

<記録③>
F児、G児、R児、Y児などが積み木を船のように組み立てる。そのうち1人が船の外に出て「たすけて～」と言うことをしばらく楽しむ。F児が「海が欲しい」と言うので、ブルーシートを敷いた。助けるのに必要な物を聞くと「浮輪」と言うので、一緒に作ると、物の魅力で人が集まってきて、さっきのような「ふり」の楽しさがなくなってしまう。

<記録④>
昨日ドーナツを作っていたT児は、思い出して、棚を開けて昨日作ったドーナツを取り出す。教師がかかわれず続かない。しかし、何か作りたいようで「サンドイッチ」と言って白い紙を切る。教師と一緒に具を考え、色画用紙をハムやチーズに見立てて間に挟んで作る。作ってみたいと思った物を、作って遊ぶことが楽しい。

場を作って見立てたり、なりきったりする姿へ

そして、翌週の保育の中で、子どもたちの姿や教師のかかわりを記録していきました。図1（40ページ）の「11月第2週の幼児の姿」のように、遊びの場所を教師と一緒に作って家などに見立て、そこを拠点に遊ぶ姿が見られるようになりました。また、カラービニル袋で作ったマントを身につけ、ヒーローなどになりきって走ったり戦ったりする姿や、同じマントや服を身につけている子ども同士が「台風が来たぞ！」「あっちに敵だ！」などと思ったことを話し、一緒に動くことを楽しむ姿も見られるようになりました。作った人形を動かしながら簡単なやり取りを楽しむ子どももいました。子どもたちは、場や物を介して、友だちと一緒に遊ぶ姿が見られるようになり、自然とそこでのかかわりも生まれてきていることが記録からわかります。

私は、それぞれの子どもがやりたいことを落ち着いてできるように、イメージに合わせながら遊びの場を一緒に作るようにしました。また、子どもが「これをやりたい」と思った時にすぐにできるように、時間をかけずに取り外しができるような、いろいろな色のマントを準備したり、「おまわりさんになりたい」という子どもたちとは新聞紙で少し手を加えれば簡単にできる服を作ったりするなど、遊びに使う物の環境を整えました。やり取りのきっかけになるように、子どもたちが作った紙コップ人形を使って、降園時に簡単なお話を演じたりもしました。

図1は、この週の日々の子どもたちの遊びの記録から子どもの姿をまとめ、そこから、翌週のねらいや内容、環境の構成を考えた過程を示しています。いろい

図1：11月第3週の指導計画を立案する

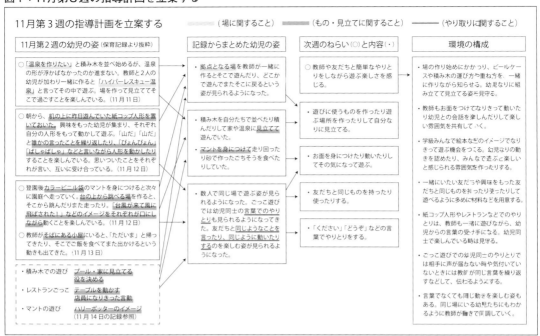

ろな遊びの記録から、子どもたちが経験していることを読み取っていくと、共通のことが出てきたり、次に必要な経験や援助の方向が見えてきたりしました。

なりきって、かかわって遊ぶ楽しさへ

11月14日の記録（41ページ、図2）にある、降園時に教師が演じた「紙コップ人形劇」が刺激となり、この翌日、それまで、遊びが見つからずに教師のそばにいた子どもが、電車に見立てた牛乳パックに、ネズミの人形を乗せて「温泉まで行ってください」などと話しながら遊ぶ姿が見られました。これを受け、弁当前の集合時に教師が、『おおかみと七ひきのこやぎ』の話を紙コップ人形で演じて見せると、子どもたちは、そのお話の世界に興味をもち、翌週の遊びにつながっていきました。翌週、「先生、オオカミになって！」と言うので私がオオカミのお面をかぶって「トントン、お母さんだよ、開けておくれ」と絵本に出てくるような言葉をかけると「そんなのお母さんじゃな〜い」と、その場にいた子どもたちが大合唱。何度か繰り返すうちに「こやぎのお面も作って」「子どものオオカミも作って」と広がり、お面をかぶってわざとしわがれ声で話したり、震えるふりをしたりとそれぞれがなりきる姿が見られるようになりました。絵本に出てくる言葉で教師や友だちと簡単なやり取りをすることも楽しんでいました。次第に、お面をかぶって園庭へ出て、追いかけっこをしたり、オオカミが小屋に集まって「食べちゃうぞ」と低い声で会話をしながら遊んでいたりといろいろな遊び方で

図2：11月14日の記録

うさぎ組　11月14日（木）　天気 晴　欠席 4名

A：必要な経験　B：必要な経験している内容　C：具体的な援助としての環境の構成

今週のねらい
○なりきったり、見立てたりしながら、自分なりの思いを表現して遊ぶ
○落ち葉や木の実など自然物を取り入れて遊ぶ
○身の回りのことを自分からしようとする

学級・学年で行う活動の様子
A：幼児の経験　B：必要な経験　C：具体的な援助としての環境の構成

全体の様子
今日は欠席は4名だが、N児はマスク、L児はやすみがち。
他にも風邪気味の幼児が多い。

積み木での遊び C児、E児、M児、R児

朝一は、やはりじゃん合。っていても何もしていない。教師が
昨日遊んでいたマットをかけてあげると、M児がとんでいく。
遊び出すきっかけがないのかも。しばらくじゃれ合いが続く。
C児が積み木をガチガチッと崩して、それをかけてここ
気にしよう！発想することなって、積み木を並べ始める
E児は二人の動きを身体ながら笑顔を、またじゃれ始める
反り返って。二人につながって積み木を並べ始める
M児は何か作ってるの？と積み木を持って、E児が
「これ、どこに置くかな」と思うってここと言っている。C児、らしく
一緒に作っていくこと ができそうと教師も仲間に入って。
人数がふくらんでいくかんじでテーブルの上におろる。
R児やB児「M児に「こっち！こっち！」って呼ばれて教師Rさと
「B児「お手本をまねしてって大事だよね」が。
なりきりしながらマットを囲む。窓の中のテーブルで
てくるといいなと思い、教師も近くにあった平台このて

A：C児、積み木を並べることが楽しい
M児、積み木をどうぞするから、赤ちゃんにあげると作るのが楽しい
E児、C、Mと一緒にしてここで、するのがとりたい
B：それぞれがしたいことをしながら、使えたらいいなと思っているその
C：教師もなりきりをしてる姿を、見たらいいなど思うものを
さりげなく横に置いてみる。

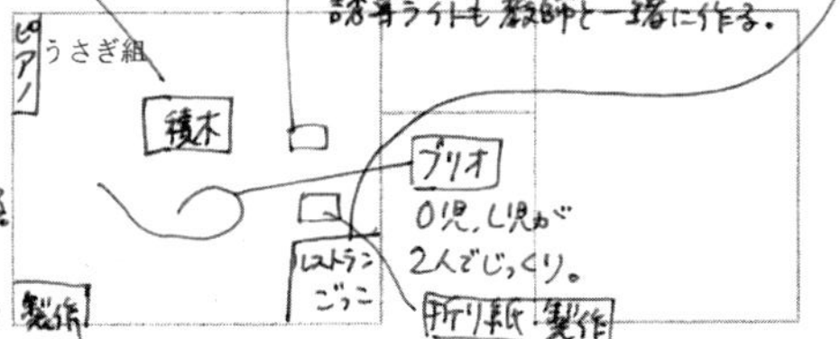

【お手ふりさん】
F児の事務したパーティー服を着る
J児は着る。らへにははしい
とり装いしは教師と一緒に作る

【プリキュア】
O児 R児が
くるくる2人ふり

【所、T所/美容】
R児、P児が
作ったものを
見立てて遊ぶ

【レストランごっこ】 A児、K児、Y児、H児

この場に集まってくることが多くなっていく。Y児が「この場を
見ているし、人を並ばってここと教師と「レストランにしてい」
などうテーブルに、（やすんのかがわからない。）と幼児から
などへ遊びに使えなくて）と言い始め教師が一緒に作るとストローとこ
ここに来る。K児は店員さんに立ち上がり、「メニューはいりますか？」
などしたりいしてここで、り、見あててりとしなが、教師は紙と
スプーンをきく。D児とは「目を合わせて聞く」人に入ってに呼ばせて
丁寧な言葉で言う。これを聞いて、D児もみをとを、り入れて使っていた。
「こちらへおはいですか？」ここた、人にてしていいすくる！

A：木を、ピザやスープ、カレーなどに見立てて色々なることが楽しい
K児、店員さんにかって、やりとりを楽しみたい
B：いろいろ取り入れて、やりとりを楽しんでいる
C：教師の姿を見つつ、言葉を重ねていく。やりとりを楽しんで
H児のように、行動の役割のやりとりができるように、言うことを
そのまま言葉に表し、見守る

【マットの遊び】 車

S児、I児、N児はマットを伝って大はしゃぎ
走り回ったり、引き戻って、教師が声かける子。
るしい（もう食べるよ）と声かけると来て
「ごちそうさま」と帰ってくる。視点が広がった
「ご飯のまま」と言って帰ってくる。視点が広がった。
A：マットをつけて走るのが楽しい。
走るだけでなく、しゃがん、ごちそう。
I児にはパッターのイメージあるよう。
C：遊びのきっかけになることを見つけていきましょう。

「なりきる」ことを楽しんでいました。

このように、日々の記録を書き、子どもの姿を捉え直したことで、ねらいを修正し、援助の方向を思い浮かべながら翌週の保育に向かうことができました。ここに書いたのは約1か月間の例です。1週目、遊びに満足していない子どもたちの姿から、私が思った「ほかの幼児や教師とかかわりながらなりきって遊ぶ楽しさを感じてほしい」という願いは、記録から子どもの姿を振り返り、指導計画を立案して、実践することを繰り返す中で、やっと4週目に子どもの姿に表れてきました。その時の子どもたちの経験や教師の援助を、保育記録をもとに振り返ることで、より確かな次の保育の計画を立案することができると感じました。

子どもたちとの生活では楽しいことも、悩むことも多い毎日です。あっという間に過ぎていった時間を、保育後に思い返して記録を書いていると「こういうことだったのかもしれない」「こうしたらどうかな？」と考えることができ、明日の保育が楽しみになっています。

Comment

 ### 保育の質を支える保育記録

担任として子どもたちと向き合っていると、遊びが充実して保育が楽しいと感じる日が続いてほしいと思います。しかし、時には、うまく遊べていないと感じたり、自分の援助がこれでいいのかと迷ったりする日もあります。八木先生は、こうした違和感を大切にしながら、もう一度、丁寧に記録を書くことで、子どもの姿を捉えるところを大切にして実践を進めていました。

この事例では、保育者の願いが先走っていることに気づき、修正していく過程をまとめています。少し先を描きすぎていた「ねらい」を修正し、必要な環境を整え、援助を重ねていくことで、結果的に保育者が願っていた子どもの姿が育っていったのです。記録を書くことが、「子どもの実態を捉える→ねらい及び内容を立てる→そのための環境を構成する→実践結果としての子どもの実態」というルーティンを支え、指導計画作成の基盤となることがよくわかりました。保育の質は、このように省察しながら書く保育記録が支えているのです。（日代）

2 記録を読み直す・まとめる

書きながら保育を省察する記録は、書いて終わりではなく、
読み直したりまとめたりすることで新たな視点を得られることがあります。
そのような実践事例を山崎奈美先生（東京学芸大学附属幼稚園）が紹介します。

はじめに

　これまで、私は楽器に対して苦手意識をもっていて、学級活動で使うことはあっても、遊びの中で楽器を使う援助はあまり行っていませんでした。5歳児の担任になった時、歌をつくっていた女児に、楽器を提案したことで始まった遊びは約1か月続き、すごく楽しむことができました。そこで、子どもたちは何を楽しんでいたのか、どんな遊び方をしていたのか、どのような援助を行ったのかについて自分でまとめてみたいと思い、記録を読み直してみることにしました。

楽器遊びの記録を読み直す・まとめる

（1）学級の実態
　本園は3年保育、各学年2学級ずつ、1学級25人の幼児が在籍しており、学級間で行き来しながら遊んでいます。

（2）楽器遊びに関する記録の数
　楽器遊びに関する記録は、メモも含めて全部で20記録ありました。誌面の都合で、ここではその中から一部を抜粋します。

（3）記録の読み方
　この時期、「保育マップ型記録」（18〜21ページ）を活用し、幼児や遊びの様子のほかに、以下のことを記録していました。
A：幼児の経験している内容
B：必要な経験
C：具体的な援助としての環境の構成
❀：直感的によかったと感じたこと
☹：直感的に困った、わからないと感じたこと

（4）楽器遊びの記録を読み直す
記録1　1月16日
　なんとなく遊んでいるA児とB児に何をしているのか聞くと、「歌をつくっているの」と言う。教師（以下、Tと表記）が「楽器使う？」と聞くと、2人は木琴を選んだ。バンドのイメージのようだ。

記録2　1月16日
　A児たちの木琴に触発されたC児たちだったが、木琴が足りず、ベルを使うことになった。音を鳴らすうちに、C児が「『かえるのうた』できるよ」と言う。

A：音を聴いて自分の番で鳴らしたり、間違いに気づいたりする。
B：自分の音だけでは曲にならないが、

「楽器遊び」の記録をまとめる

1月21日に大学生を中心としたオーケストラによる音楽劇「ピーターと狼」を鑑賞

← 楽器に慣れる時期 →

1月16日 記録1・2
1月21日 記録4・5

合わせると1つの曲になるおもしろさを味わってほしい。
C：『きらきら星』を提案し、楽譜のようなものを用意する。①

記録4　1月21日
なんとなく楽器に触りたい幼児が来ている。遊び込む幼児がいない😟 ②

記録5　1月21日
演奏会に参加。約40分と長い時間だったが、よく聴いていた。指揮者がいないと演奏が合わないことを教えてもらうと、「バラバラだ」「（音が合って）いいね」などと反応していた。コミカルな音は反応いいが、ティンパニーなどは怖いようで耳をふさぐ子もいた。

記録8　1月27日
メンバーが入れ替わりながら遊んでいる。保護者の出し物で見たように、音に合わせて動く物があるとおもしろいかと思って人形を出したが、使われなかった。しかし様子を見直してみると、幼児同士で使い方を教え合ったり、交替したりしている❀　D児は「タンブリンが使いたい」と言う。

B：もっといろいろな楽器にふれ、友だちとリズムが合う心地よさを味わってほしい。
C：タンブリン、スズなどを出す。③

記録9　1月28日
昨日タンブリンをやりたいと言ったD児はいなかったが、女児が『きらきら星』を演奏し始めた。E児が指揮者。F児は木琴の音にベルがついていけないと「速い」「ゆっくり弾いて」とつぶやく。G児は個々に楽器が鳴っていることを感じて「バラバラ」と言うと、周囲の幼児も合わせようとする。しばらくすると今度は一人ひとりが鳴らすことも楽しみ、「楽しい歌！」と言ってめちゃくちゃを楽しんでいた。

A：友だちと楽器を合わせることや、ひたすら鳴らすことを楽しむ。
B：遊びなれたメンバーではないので、気づきをしっかり伝えてほしい。
C：気づきを伝え合う援助をする。披露する場を設けて、めあてをもてるようにする。

記録12　1月30日
Tが砂場に行っている間に、「赤ずき

ん」を楽器で表現しようと話し合っていた。「タンブリンはオオカミね」など、楽器と役を合わせようとしている。ところが、C児が「明日、休みだからやりたくない」と言い出した。話し合ったが、しばらくすると周りにいた子はいなくなった☹

記録14　2月4日

今日も遊び出しは人があまりいない。片付け10分前くらいになって、H児が「（音楽）劇をやりたい」と言う。先週（1月30日）のことを思い出したのだろうか。しかし、音楽劇をやるには人数が足りないとTが判断し、とりあえず『ドレミの歌』の演奏を提案。CDに合わせてTと2人で弾いてみた。すると周囲の幼児も加わり、踊る子もいて、盛り上がった。④
I児が「キッズオーケストラって名前がいいんじゃない」と言ったことに、みんなが賛同してうれしい❀

A：新しい曲を感じて、友だちと楽器を
　　鳴らしたり体を動かしたりしながら
　　演奏を楽しむ。

記録16　2月5日

登園前に楽器をセットし、指揮者が立つ台を置いておく。登園すると、J児を中心に台を組み始めた。1回演奏すると、年中児らをお客さんとして呼びに行く。J児はCDを聞きながら強弱を感じて手の振りを変えながら指揮をしていた。K児はリズムを感じてタンブリンの叩き方を変え、F児は腕を上げるようにベルを鳴らしていた。⑤　楽器の使い方を教え合う姿も見られた。

A：自分なりの鳴らし方を楽しみつつ、
　　みんなで演奏する楽しさを味わう。

記録19　2月7日

つき組が学級閉鎖。昨日までは大人数で盛り上がっていたが、今日は人数が少ないので楽器の音が聞こえやすく、一人ひとりが音を確かめながら弾いているように感じた。⑥

まとめた記録を省察する

（1）幼児理解が変わる
・楽器にふれながら慣れる

記録4（下線②）では、遊び込む姿が見られないことに☹マークを付けています。この時は、遊びが継続せず、ちょっと触っては違う遊びに行ってしまう様子に課

2月4日 記録14　2月5日 記録16　2月7日 記録19

みんなで演奏し披露する楽しさを味わったり、音を確かめたりしていた時期

題を感じていました。改めて一連の記録を読み直すと、楽器の音と音名を一致させるのに繰り返し鳴らしたり、様々な鳴らし方を試したりしていた姿だったと読み替えることができました。

・**個で鳴らす楽しさと友だちと鳴らす楽しさを行き来しながら音を楽しむ**

楽器遊びは、日を追うごとに参加する友だちが増えて、皆で音を合わせる楽しさを味わうようになりました。興味深いのは、時々、自分の音を聴く様子が見られたことです。記録19（下線⑥）では、隣の学級が学級閉鎖で、参加する人数が減ったことによって音が聴こえやすく、確かめるように鳴らしていたことが記されています。個と集団を行き来しながら、遊びが深まっていくことに気づきました。

（2）**環境によって幼児の姿が変化することに気づく**

・**楽器の種類によって楽しみ方が異なる**

演奏会後、オーケストラがモデルとなって、楽器遊びに加わる幼児が増えるのではないか、演奏会をしたいと言うのではないかと予想していました。しかし、実際には演奏会前とさほど変わりませんでした。そのような中、遊び方が変わるきっかけとなったのが、タンブリン等のリズム楽器の導入でした（下線③）。これまで使ってきた経験や使いやすさが幼児の興味を引き出したと考えられます。

さらに、記録14（下線④）からは、CDの曲が演奏のベースとなったことで、自分なりに楽器を鳴らすことができ、なおかつ、友だちと演奏している気分に浸ることができるので、より遊びを楽しむ様子が見られました。年中児や誕生会の出し物など、皆の前で披露することで充実感を味わっている様子も見られました。

・**強弱や速さなどを感じて鳴らし方を工夫する**

記録16（下線⑤）からは、様々に楽器を鳴らしたり、手の振りを変えて指揮したりしていて、強弱や速さを感じていたことも読み取れました。

（3）**援助を振り返る**

・**実態に合った楽器や曲を選択する**

記録2のC（下線①）には、『きらきら星』といった幼児が弾きやすい旋律のある曲を提案するとあります。この時期、めあてをもって取り組む遊びを大事にしたいと思っていて、友だちと一緒だからできる経験をしてほしいと考えていまし

誕生会での出し物の様子

た。一方で、記録9にあるように、めちゃくちゃに弾いて楽しむ姿も見られており、一概に旋律のある曲を弾くだけでなく、とにかく鳴らしてみることを認めるようにしました。

しかしながら、振り返ってみると、この遊びに大勢の幼児がかかわったと言っても、全くかかわらなかった幼児もいました。また、限られた曲を使ったために、様々なリズムを感じて楽器を鳴らす経験はできませんでした。学級活動でも楽器遊びを取り入れる機会を設ければ、多くの幼児が参加し、遊びが広がるような援助が可能であったと思います。

・**本物の演奏を聴く**

オーケストラを見たことは幼児に大きな影響がありました。記録9にあるように、F児は音が「速い」とつぶやき、木琴を弾く幼児に「ゆっくり弾いて」と言っていたのは、オーケストラを見たことに触発されていたと思います。教師はこのような姿を取り上げ、思い出させたり、音が合う心地よさを言葉にして認めたりする援助を行うようにしました。

・**幼児の気づきを知らせ合う役割を担う**

遊びに加わる幼児が少ないと、自分の鳴らす音を感じていたように、その時の状況によって幼児の気づきを捉え、言葉にして返すような援助も行いました。そのことは、幼児同士が知らせ合う姿につながったと考えます。

（4）教員間で読み合って得たこと

まとめた記録を教員間で読み合ったところ、記録12～14が話題に上がり、ある教員から「楽器遊びの種類が違うね」という意見が出されました。楽器を使って劇をやろうとする姿注1は、オーケストラの音楽劇や保護者の出し物が発端であり、演奏するだけではない楽しみ方を幼児が求めていたことに改めて気づきました。この時は、メンバー間でやりたい思いが一致しなかったり、メンバーが集まらなかったりして、援助がうまくいかず遊びは続きませんでしたが、楽器遊びの中でも質の異なる遊びが絡んでおり、鳴らす楽しさを味わうだけでなく、友だち関係を基盤にした楽器遊びも幼児は実現させようとしていたことを、他の教員から学ぶことができました。

注1：「ピーターと狼」のオーケストラ演奏では、猫（クラリネット）、小鳥（フルート）、狼（フレンチホルン）など役と音色が演じ分けられており、楽器を使って劇をやろうとする姿はこれをまねしようとしたもの。

誕生会での出し物の様子

おわりに

　今回、記録を読み直し、まとめることで、遊びの全体像を捉えることができました。その上で、個々の記録を読み直すと、その時々では理解しにくかった姿に意味や理由が見えたことが新たな発見でした。幼児理解や遊び理解を深め、援助の質の向上を図るには、日の記録を読み直し、まとめることが有効です。今後も記録を活用していきたいと思います。

Comment

事例にまとめること、読むこと、話し合うこと

　実践直後に記録を書いている時は、「明日はどうしよう？」という近視眼的な見方や考え方になりがちです。また、25人程度の学級では、同時に5～6種類の遊びが展開されていることも多く、日々の振り返りでは、それぞれの遊びのもつ特質に応じた教材研究が、十分できない場合もあります。時間をおいてから記録を読み直し、まとめることで、次のような利点がありました。
・対象にかかわる幼児の姿を大局的に見直し、特徴的な姿や変化がつかめた。
・冷静に振り返り、自分の援助行為を意味づけ、別の援助の可能性を考えられた。

　さらに、事例としてまとめたことから、それを媒介に話し合うことが可能になります。事例を読ませてもらう立場では、読むだけでもおもしろく、他の保育者の実践にふれることができます。事例を通した話し合いからは、幼児の姿や遊び理解について新しい見方や解釈、多様な援助の可能性を検討することができました。誌面の都合で載せられませんでしたが、事例を通して学んだ成果は、翌年度の楽器を使った山崎先生の保育実践につながりました。（田代）

園内研修に記録を生かす

一人ひとりの保育者の自己研鑽は保育の質の向上に不可欠ですが、
保育という仕事は同僚の保育者とチームを組んで取り組むものであり、
園全体の保育力を高めるためには組織としての学び合いが必要です。
記録をもとに話し合うことは、保育に対する価値観を共有したり、
多面的に子どもを理解する力を高め合ったりするのに有効です。
本章では話し合いの「土俵」としての当事者記録や
第三者記録のあり方や、その活用の仕方について考えます。

フォーマットの工夫

保育を深めるために記録を有効に活用するには
どうしたらよいでしょうか。4つの園が悩みを持ち寄り、
記録の書き方と生かし方を開発しました。
代表して西村佳子先生（大津市役所福祉子ども部）が紹介します。

　滋賀県大津市の公立幼稚園（仰木・堅田ブロック）4園で、協働の保育研究ネットワークを立ち上げました。
　「そもそも、みんなはどんな記録を書いているの？」と話し合う中で、これが標準的な記録の書き方といったものはないということ、保育者それぞれが工夫しながら自分なりに記録をとっていることがわかりました。そして、
①毎日書き続けることが難しい
②明日の保育につながるものになかなかならない
という2点が、共通の悩みとして浮かび上がってきたのです。
　毎日書き続けるためには、少なくとも記録を書きたいと思う気持ちが湧いてこなくてはなりません。そして、明日の保育につながるためには、漠然と書くだけでなく、視点をもって整理することも大切だということを、実践を通して学ぶことができました。
　まず初めに"ポイントシールを生かした記録"について、次に記録を通しての話し合いをコンパクト化・習慣化した"しゃべりんぐ"の実践例を紹介します。

記録が書きたい！
〜ポイントシールの活用〜

　毎日の保育の後に「記録を書かなければ……」ではなく、「書きたい！」という気持ちで負担感なく書くことができればどんなに素敵でしょうか。そのためにこの園では、
・楽しみながら書くための工夫
・同僚との学び合いの活性化
が必要と考えました。

【ポイントシールを使った記録】

　保育記録から指導の手立てを導き出すためには何らかの視点をもって書く、あるいは読み取りを深める必要があります。しかし最初から視点（枠）に当てはめて書こうとすると、子どもの姿をありのままに書きづらく、窮屈さを感じます。自由に記録を書きながらも、振り返りの視点をマークしていくものがあったら……というアイデアから、ポイントシールを考案しました。
　シールの種類を決めるためには、どんなシールが必要かをみんなで話し合い、手作りしていきました（図1）。

【活用例】

　赤いスコップを取り合って砂場でけんかしていたAちゃんとBちゃんのトラブルに直面したC先生。いつもは穏やかな

図1：記録用ポイントシール

Bちゃんがどうして譲れなかったのか、保育後も心にひっかかっていました。（ここで❓シールの登場です。❓シールが貼られ、Bちゃんの内面に思いをはせる文章が続きます。）

> ❓ もしかして、スコップに対する思い入れがあったのか？　それともAちゃんと何かあったのかなあ……

（ここで翌日C先生自身がつかんだ情報で❓が解決できる場合は次のように続きます。）

> 今日もBちゃんは赤いスコップで懸命にトンネルを掘っていた。隣にいたAちゃんに、「赤いスコップ、一番つよいんやで。ボクの一番やねん」と自慢げに言った

> Bちゃんにとっての赤いスコップの意味がわかった！　これならぐんぐん掘ることができるBちゃんの相棒とも言える最強のスコップだったんだ。トラブルの時はBちゃんもそんな思いを言葉で言えなかったから手が出てしまったんだな。せめてBち ゃんの思いを引き出すメッセージをもっと私から出せていたらな……反省反省

> Bちゃんの思い入れをわかったうえで見守ろう。貸してほしい子どもが来たら自分の思いを伝えてほしいな。相手の思いに気持ちが揺れたら折り合いをつけられるかな。一緒にいるAちゃんにも「一番のスコップ」みたいなものができるといいな

このように明日につながっていくわけです。ポイントシールを使うことで、記録を自由に書きながらも振り返りに重要なポイントを意識することができます。

【同僚との記録の共有】

さらに次の手立てにつながる読み深めをするためには、保育者1人だけの見方、考え方だけではなく、同僚と記録を共有しいろいろな角度から保育を見ることが大切です。そこで園内研修で記録ノートをお互いに読み合い、コメントやポイントシールをさらに加えていきました。シールやマーカーで保育のポイントが整理されていることで、だれが読んでもわか

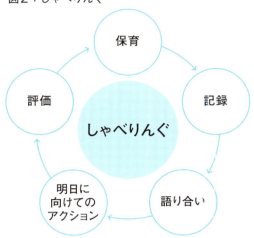

図2：しゃべりんぐ

りやすく、効率よく記録を共有できるというのもメリットの１つです。

例えば、前の事例で、もし次の日のBちゃんの姿にC先生が立ち会っていなかったとしても、同僚がその場面を見ていれば、C先生の記録ノートに"赤いスコップはBちゃんの『一番』なんですよ"とコメントしてもらえる仕組みになっています。

ポイントシールの実践をした保育者は、「書きながらシールを貼ったり、コメントを書いてもらった後でシールを追加したりする中で、シールが見出しの役割をし、常に視点を意識することができた」と言っています。

そして記録を人に読んでもらうことは、だれもがあまり経験のないことでしたが、互いの記録を読み合う時間は思いのほか楽しみな時間になりました。同僚の思いや願いをコメントを通して知ることができるだけでなく、明日の保育につながる手立てが広がっていく喜びがありました。

こうした学び合いから得るものも含め、自分自身の保育をしっかり評価し、明日の保育につなぐことが大切だねと、声をかけ合い"楽しい記録"に引き続き取り組んでいます。

記録をもとに語りたくなる工夫 〜"しゃべりんぐ"〜

この取り組みは、記録が保育者１人の記録・振り返りで終わらないように、園で共通の記録用紙を使い、毎日記録を通して話し合いを継続していった実践です。記録タイムを15分、その後話し合いを15分、これを"しゃべりんぐ"（話すことでつながる"輪"〔リング〕という意味も込めて）とネーミングしています（図2）。"しゃべりんぐ"は園内で定着し、「はよ、"しゃべりんぐ"しよか」といった具合に続いています。

毎日続けるためにはいかに時間を確保するかがポイントですが、この実践では基本的に「仕事のリズム」に位置付け、保育が終わったら声をかけ合ってわずかな時間でも"しゃべりんぐ"をすることを習慣化していきました（しないとどこか落ち着かないくらいになっていきました）。

図3：ガッテンポイント

【語り合いから】
- A児の力量にあわせてみよう。
 ⇒カップなどを用いて分量の目安を知らせるのもよいのでは？
- 「難しいねん」…「今日はやめとくわ」という前日の動きは、難しいと感じていたことからきていたことがわかった！
- 前日に話し合った一緒に仲間になってモデルを示す方法がよかった。
- 仲間に問いかけることで仲間意識がもてた。Tのかかわり方がよかった。

【アクション】（明日に向けて）
- クッキーが出来たうれしさ・おもしろさをもとに、明日は自分から目的をもって始められるようにしよう。
- 分量の目安を知らせてみよう。

【ガッテンポイント】
- 満足感が得られると、翌日に遊びはつながるんだ！
- 年長のこの時期、仲間意識をもたせるための言葉がけが大事。

【記録と話し合いのスリム化】

　習慣化するためには記録を短くまとめることと語り合いの時間も短時間に決めておくことが大切です（15分＋15分ルール）。そして、スリムな記録や語り合いの内容もある程度の時期でまとめ直しをしていくことが積み上げにつながります。

　例えば"しゃべりんぐ"の中から保育が変わっていくきっかけになったことを取り上げ、「このことが大事！」と共通理解できたこと、その時期の育ちや環境援助などを園内研修で"ガッテンポイント"としてまとめていきました（図3）。こうして保育のポイントを整理しておくと、園の指導計画にも反映させ、次に生かしていくことができるというわけです。

　何より大切なことは、明日の保育に生かすために、その日のうちに"しゃべりんぐ"をすることであり、そのために記録は短時間でも書けるよう意図的に小さなスペースの記録様式にしています（図4）。

　どの部分を切り取るか、初めは難しいと感じていた保育者も、だんだんと書くべきことを短時間で定め、うまく記録として切り取れるようになってきたそうです。1人の思いだけではなく、ほかの保育者の考えも参考に、明日の保育を考えることができる心強さ、保育に明確な意図をもてた時の手応えから、保育の楽しさを感じることができるようになりました。

　他園の取り組みでも、こうした「記録＋話し合い」の時間を"キラキラカフェ"と名づけ、お茶を飲みながらリラックスできる雰囲気づくりを大切に実践しています。園内研修を楽しく、どの保育者も参加しやすくするために、こうしたネーミングをはじめ、語り合いの形をみんなで工夫し考えることも大切だと思います。

まとめ直しのための工夫 〜3つの記録様式〜

　保育記録の書き方に関しては、"標準的な記録方法"があるわけにではありません。私たちの研究会では、みんなが記録を持ち寄って情報交換を行い、モデル様式を

図4：記録の要素～「理解」と「援助」

【幼児の姿】
前日まで土で作っていたクッキー屋に小麦粉・米ぬかを出してみたところ、A児は興味を示さなくなった。T「クッキー屋さんの仲間が減ってもいいの？」仲間のB児、C児の呼びかけでもう一度やろうとしているが、「これむずかしいんだよなあ……」とつぶやく。
T「今日は先生もクッキー屋さんになって一緒に作ってみてもいい？」一緒に作り始める。
T「小麦粉はこれくらいにしてみよう」
A児も様子を見ながら同じように作っていると、生地が出来てくる。
T「先生はこの型にしようかな」
A児「ぼくはどれにしようかなー！」と笑顔で選び出す。

【幼児の姿のみとり】
少しずつ生地が出来てくると楽しさを感じていることがわかった。興味を示さなかったのではなく、うまくいかないかもしれないという思いがあったのだな。

【教師の援助】
今日はクッキーが出来た達成感を味わってほしかったため、モデルとなりながらA児の隣で一緒に作った。出来た感を味わうことで、遊びがおもしろくなり仲間と楽しむ姿が見られた。

【環境】
好きな形や色（シロップとして）を選べることで、どれにしようと自分で選び始めることが出来た。

いくつか作って実際に試してみましたが、記録の様式を考えることは、"何を記録に書くべきなのか"を考えることであり、同時に"何に視点を置いて保育するのか"を考えることなんだという気づきがありました。
私たちの考えたモデル様式は、
①イラスト型
②ポイントねらいうち型
③ステップアップ型
といったものです（巻末付録）。
3つの様式にはそれぞれ特徴があります。まずイラスト型は、いくつもの遊びグループが構成され、互いに行き来が生まれていてかかわり合いながら遊びが進んでいく……といった時に全体の遊びを俯瞰しやすく有効です。
次に、ねらいに照らして記録を読み深めようとする時にポイントねらいうち型の様式を使うと、書き進めることで自然と環境と援助などが明確になっていきます。

そして1つの事例を丁寧に読み解きたい時、順を追って子どもの姿を見つめたい時はステップアップ型。特に「まだどんな記録を書けばいいのか全くわからない……」という悩みをもった若い保育者からは"枠"があることで安心して書くことができたという声もありました。
この3つのモデル様式にはそれぞれの持ち味があり、保育の状況によってうまく使い分けられるといいでしょう。

記録の達人への道
～自分流を見つけよう～

ある園では記録を毎日の保育に位置付けるために、必要な時にすぐ記録メモをとれるようおそろいの記録ポシェットを作り、全員が使っています。このおかげで、いつでもどこでも記録メモをとるんだという園の風土が醸成されていますが、これも記録の達人への道の1つでしょう。

記録ポシェット

メンバーのひと言から
- 磨けば光る読み取り力
- 個々の記録はチームの財産
- 書けばすっきり明日の保育へ
- 時間はないけれど時間をつくる
- 記録の達人は保育の達人

　研究の当初、ミーティングで多くの保育者が「指導案の書き方は学ぶ機会があったけれど、記録の書き方はどこでも教えてもらえなかった」と語っていました。「保育記録ってこれでいいのか」「間違っていないだろうか？」という不安はだれにもあるのではないかと思います。しかし、私たちの取り組みの中からわかったことの1つは、保育者の経験に合わせて、また保育の状況に応じて、その時々にふさわしい記録の方法を工夫する必要があるということでした。

　実際、1年の終わりには、ピックアップした様式をアレンジして園内研修で使った例や、自分が使いやすい形に改良したという保育者からの報告もありました。

　正しい記録の書き方に行き着くのでなく、"自分流"を確立することの大切さを改めて実感したことが、私たちの記録の達人への第一歩であると思っています。

Comment

「書くこと」「読み合うこと」「話し合うこと」の工夫

　大津市の4つの園はそれぞれの園においても園内研修を行っていますが、小規模園で職員の数が少ないこともあり、より活性化させるために近隣の園が協働して広域研修の機会をつくりました。どうしたら話し合いの土台となる記録が書けるか、どうしたら有効に活用できるかというのがテーマでした。

　記録をもとに話し合うことは、保育に対する価値観を共有したり、多面的に幼児を理解する力を高め合ったりするのに有効です。「土俵」としての保育記録の意味は次の点です。

- 日常の記録をひと手間かけてまとめ直すことで、保育の省察が深まる
- 同僚と検討することで自分1人では気づけなかったことが見え、子ども理解が多面的になる

　文字記録は自己省察を深める機能がありますが、思いが十分に書き込めない時があります。ポイントシールはそれを補完する働きをしています。また他者の記録を読む側にとってもシールは有効です。書くことへの工夫、読むことへの工夫、話し合うことをルーティン化するための工夫に溢れた実践です。（河邊）

2 第三者記録を取り入れる

保育の当事者が書く記録に加えて、保育を参観する同僚も第三者記録を書き、その記録をまとめた用紙「Dシート」を媒介とした園内研修の実践を紹介します。実践事例の提供は中野圭祐先生（東京学芸大学附属幼稚園）です。

事前に自己課題を示す

本園では、園内研修の1つとして、保育者同士が互いに保育を見合い、保育後に検討会を行う研修を行っています。検討会に先立ち、担任は「保育マップ型記録」を提示し、自分が保育をする上で課題と感じていることを挙げます。

ある年の5月、5歳児学年の担任をしていた私は、子どもたちが、やりたいことがあっても保育者を頼って、自分から遊びを考えたり進めたりする姿がなかなか見られないことに課題を感じていました。そこで、課題が特徴的に表れている遊びを指定し、保育検討会で観察をしてもらうことにしました。

今回、観察対象として挙げたのは、遊びの中で『おおかみと七ひきのこやぎ』ごっこをしているグループについてです。その観察対象グループと観察の視点として挙げたのが、次ページに示す資料1です。

私は、子どもが自発的に劇遊びを始めたことがうれしく、友だちとやり取りをしながら自分たちで進めていくことを大事にしたいと思っていました。一方で、劇となるためには保育者のかかわりも必要だと思われ、そのバランスが難しいと感じていました。

このように、自分が困っていることや悩んでいること、難しいと感じていることなど、自己課題を示します。どこを見てほしいかを伝えることで、観察する同僚が視点を絞って観察することが可能になります。

保育の公開、観察と第三者記録

保育検討会当日、2名の観察者が事前に提示されていた私の自己課題と、前日の保育記録（図1）をもとに、「遊びの様子」と「保育者の動き」に分かれて観察しました。

私は観察対象場面である劇ごっこにかかわる中で、「出過ぎないようにしよう」ということにとらわれすぎて、結局劇ごっこがなかなか始まらず進んでいかないという状況になりました。そこで私は、次の週に行われる未就園児の会でこの劇を披露してみてはどうかという投げかけをして、劇遊びが始まるように促してみました。しかし、それでも劇は始まりませんでした。途中、幼児に誘われオオカミ役になることになり、そこから遊びが動き始めました。

資料1：自己課題（抜粋）

○数人の友だちとやり取りをしながら遊ぶ様子
・先週末の誕生会で『三びきのやぎのがらがらどん』の劇を披露した4人。週が明けて、今度は『おおかみと七ひきのこやぎ』の劇をすることになった。大まかなストーリーは共有されているものの、それぞれの幼児の思いが違うため、なかなか進んでいかない①ことが予想される。実際に動いたり、言葉のやり取りをしたりする中で、次第に形が出来上がっていくようにしたい。そのためにもまずは一度通してみることも必要かもしれない②。遊びの中で幼児同士がやり取りをしながら劇遊びを楽しむ様子を支えたい。

図1：前日の保育記録（抜粋）

対象1
おおかみと七ひきのこやぎ

○がらがらどんはもう終わりらしい。昨年度の子ども会の経験から、「そらいろのたね」をしたい、だからトビラを作る段ボールを出して、と言う。ごもっともだが、劇にしにくいのでトビラ作りの時にA児に「七ひきのこやぎ」の話をもちかけると、七ひきのこやぎに決まる。トビラ、時計を段ボールカッターで作る作業を楽しむ。できたところで鬼ごっこへ……。戻ってきて「先生オオカミやって」と言うので、「トントントンお母さんだよ」のシーンだけやって片付ける。

Ⓐ 誕生会でやった劇が楽しく、その楽しさを別の形で再現しようとしている。
Ⓑ がらがらどんと違い、劇にしたことがないので、実際に動いてみてストーリーを一度流してみることが必要だろう。
Ⓒ 最低限の小道具、軍手、あめ玉用意。Ⓣ オオカミのモデル示す。

観察者の同僚は、幼児の「言葉」「動き」「視線」など客観的な状況に加え、観察したことで感じた自分なりの読み取りなどを記録します。私の動きを観察する同僚も同様に記録します。

第三者記録をDシート[注1]にまとめる

観察をした同僚は、保育後に記録をDシート（A4）1枚にまとめます。観察記録のままでは、後の検討会で、どうしても「この時○○ちゃんが□□と言って、そこに△△ちゃんが来て……」という状況の説明になりがちです。状況の説明は発言が長くなり、意見がまとまりにくい傾向にあるだけでなく保育者が感じていた課題の解決方法が見えにくくなります。保育検討会の時間を有効に使うためにも、担任の自己課題を受けて、自分の観察によって得られた情報と意見を、事前にDシートにまとめます。これにより、検討会において発言する内容がまとまり、進行もスムーズに進み、論点もはっきりとします。

この日、私の行動を観察した同僚が提出したDシートが図2（58ページ）です。

Dシートの様式は決まっていません。手書きの人もいれば、パソコンで作成する人もいます。写真を貼って様子を伝える人もいれば、手書きのイラストを入れる人もいます。それぞれの観察者が自分なりの意見や伝えたいことによって様式を変えています。

今回観察をした同僚は、保育検討会において、私が課題として感じていることに沿って幼児の特徴的な姿を挙げたり、私の援助についてよかったところや、意図がわからないこと、などを示してくれたりしました。

注1：「Dシート」とは… 保育課題に即して観察した第三者記録を、まとめ直して考察を加えたもののことです。東京学芸大学附属幼稚園で「Dシート」と名づけました。「D」とは、「Documentaticn（資料の活用）」「Discussion（話し合い）」「Deepen（深める）」などの頭文字からとっています。また、保育マップ型記録の「A：幼児の経験している内容」「B：必要な経験」「C：具体的な援助としての環境の構成」につながる「D」という意味も含めています。（東京学芸大学附属幼稚園 平成26年度研究リーフレット『今日から明日へつながる保育―自己課題と向き合う記録の活用②』より）

図2：Dシート例（抜粋）

2014.5.27　5歳保育検討会
対象①おおかみと七ひきのこやぎごっこ

記録：町田

＜Tがそれぞれのやっていることを見守っているうちはそれぞれの思いはあるがバラバラ＞
メンバー：A児、B児、C児
A児：場づくり、B児：くじびきづくり、
C児：くつした作り
それぞれがやっている事をTと共有している、したい。
Tもそれぞれの思いを受け止めて援助しているが、かかわりがそれぞれに対するかかわり。
それぞれがTに言いたいことを言うが対応してもらうまではTを待っている状態もある。

それぞれのやっていることがバラバラで始まらない雰囲気を見ていて、Tの思い：1回通してみることが必要

自分がオオカミになってモデルを示す
・劇の登場人物を紙に書くことを提案する
・ふーよん（未就園児の会）で見せることを提案する
・オオカミになり、はじまりそうになるように促す
「そろそろおなかがすいたな」
9:55　T「始まらないな。1回やってみようよ！」「ナレーターの人が言ってくれた通りにうごくよ？」

○考察
・実際に動いたり言葉のやり取りをしたりするために、教師の主体的なかかわりが必要だが、「1回通そう、Tがオオカミになってモデルを示そう」という思いが前日からあったことで、劇ごっこが動き出すためのかかわりになってしまったのではないか？　Tが主体的にかかわり出す前にそれぞれがやろうとしていたことを、Tはそれぞれを受け止めていたがそのメンバーで共有させるようなかかわりが必要だったのでは？（後略）

記録者：町田理恵教諭

Dシートをもとに保育を検討する

　検討会では、Dシートをもとに「子どもたちが主体的に動き出すことを期待しすぎて、保育者の動き出しがなかった」「劇が始まることを意識しすぎて、子どもがそれぞれに思っていることを共有できるような援助が足りなかったのではないか」などの意見が出ました。

　実は、劇ごっこのメンバーは、お面を作ろうとしたり、段ボール箱で柱時計を作ろうとしたり、役を決めるくじや、劇に使う小道具を作ろうとしたりするなど、それぞれが自分なりに思いついた、劇に必要なことに取り組もうとしていました。この時の私は前日の記録にもあるように「一度通してみることも必要」だと思っていたため、本当は「早く劇を始めてほしい」と思っていました。しかし自分がリードして進めていきたくないとも思っていたため、どう援助するべきか決められずに、それぞれの幼児のしたいことをサポートする援助をしていました。そのためか、「ゴールイメージを明確にもたせ、取り組みの過程の中でやりとりをさせたいのはわかる」「一人ひとりの思いを受け止めようとしているのは伝わったが、今日のポイントが見えにくい」などの意見も出ました。

　それらの意見をもとに検討会を進めるうちに、私が感じていた課題に対する問題点が明らかになってきました。私は劇遊びを子どもたちが自分たちで進めていくためには一度通すことが必要だと考えていたため（資料1下線②、図1-Ⓑ）、

「お面の色を塗ろう」

「振り子が動くんだよ」

何とか劇遊びが始まらないかと思っていました。しかし、まず全体像を描く必要があると考えていたのは私だけで、子どもたちにとっては、お面作りや時計作りなど、まず自分なりに劇に必要だと思いついた遊びを充実させること（資料1下線①）のほうが楽しかったのです。その思いが満たされる前に劇を通そうとしても、子どもの思いとはかけ離れてしまいます。

　結果的には、子どもが作った、「役を決めるくじ」を、メンバーと私が引き、私がオオカミ役になり「そろそろお腹が空いたな」と発したことで劇が進み始めました。私が早く始めてほしいと願いながらもスタートを切れないでいたことが、図らずも、子どもたちが自分たちのしたいことにじっくり取り組み、満足する時間を保障することにつながりました。

　私がオオカミの役となり、一度通すと、慣れ親しんだ物語であることもあって、オオカミとのやり取りを楽しみながら劇が進みました。「そのことで具体的な動きがはっきりとしたことと、一度通してみて楽しかったと思えていた」という意見も出ました。

　二度目、私は「粉屋」の役になりました。すると子どもたちは、自分たちで役を決めたり、交代したりしながら、遊びを進めるようになりました。「保育者が一歩下がって子どもたちだけで進めるように、それぞれのしたい動きを出せるようにしたのはよかった」という意見も出ました。

検討会を通して学んだことを振り返る

　今回、私は、劇はまず一度全体像を把握した後に、そこから生まれた必要感に応じて小道具や大道具などを作って遊べばよいと思っていました。しかしながら、子どもたちは、「『おおかみと七ひきのこやぎ』の劇をしたい」と思ったその瞬間から、「劇→お面」「ヤギ→柱時計」「劇→役を決めるくじ」など、それぞれに自分の心に響いた事柄をもとに遊びを進めていったのです。私の自己課題を振り返ると、下線部①でそのような姿を予想しつつも、それをマイナスの意味に捉えていたのです。子どもたちが楽しんでいる、劇遊びに向けての個々の取り組みを、プラスに受け止める視点が欠けていました。つまり子ども理解と遊び理解がずれていたのです。子どもの実態の理解がずれていたために、援助は子どもの実態に合わ

「柱時計の内側に歌の歌詞を書いておこうよ」

劇の当日の様子

ないものになっていました。

　私はとにかく「劇を始めるにはどうしたらよいか」という思いで接していました。検討会では、「一人ひとりの思いは受け止めようとしていたが、そのメンバーで共有できるような援助があればよかったのかもしれない」という意見が出ました。もし私が、個々の楽しんでいることを劇遊びに向けての大切な姿だと理解できていれば、その姿を生かしつつ子ども同士が劇遊びへの想いを共有できるような援助ができたかもしれません。

　私は次の日以降、検討会を経て得られた学びである、「一人ひとりの心に響いていることを受け止め、それをメンバー間で共有できるような援助」を実践してみました。その結果、1人で遊ぶことの多かったAちゃんの作った、振り子の動く柱時計がメンバーに認められ、仲間入りをし、未就園児の会ではいちばん下のこやぎを生き生きと表現する姿が見られるなど、子どもたちがやり取りしながら自分たちで劇を進めていく姿が見られるようになりました。

Comment

「Dシート」を媒介とした保育検討会の意義

　保育の質を向上させるには、保育者一人ひとりの力量を高める研修が欠かせません。幼児理解の精度を上げ、適切な援助を実践するには、担任1人では限界もあります。中野先生は、幼児の姿を「作る作業を楽しむ」と捉えて記録していたにもかかわらず、それを支える方向ではなく、劇ごっこのストーリーを通すという援助を考えていました。ここにずれが生じていることが検討会でわかり、幼児の作る楽しみを支え、それを仲間と共有する援助へと転換しました。

　こうした検討会を実施する際、Dシートを使う意義としては次の3点がありました。
・観察者は保育を見る視点が定まる。
・Dシートにまとめることで要点を押さえた発言ができ、検討時間の効率がよい。
・担任の自己課題を共有するので内容が深まり、具体的な保育の改善につながる。

　保育を公開した担任に学びがあることはもちろんですが、観察者にとっても保育の現象を見て捉えをまとめる、意見を述べるなど、研鑽の機会となっています。（田代）

保護者との連携に記録を生かす

園と家庭の連携は子どものよりよい育ちにとって不可欠です。
園で子どもたちがどのように過ごし、何を経験しているかを
保護者に伝えることは保育への理解を深めることにつながります。
ニュージーランド発のラーニングストーリーは、
保護者の子どもの見方を肯定的に変えるだけではありません。
保護者にとっても子どもが育つということの意味について
考える機会になっている点で成果を挙げています。
本章では、「個々の子どもの育ち」「子どもの学び」「遊びの育ち」を
家庭と共有するための保育記録のあり方を考えます。

ニュージーランドから学ぶ

ニュージーランド（以下、NZ）では子どもの学びを保護者と共有するためのツールとして保育記録（ラーニングストーリー）が活用されています。日本でも保育者と保護者との間で「連絡帳」を介した連携が図られてきました。ラーニングストーリーはそれとどこが違うのでしょうか。

（河邉貴子）

NZのラーニングストーリー

NZの幼児教育は、子どもは本来能動的で社会文化的な存在であると捉えることから出発しています。したがって評価も「何かができるようになった」というような達成度や到達度を見るものではなく、子どもの行動に込められた意図や意味を読み取ることで、一人ひとりの成長の物語を捉えることを大切にします。そのために活用されているのがラーニングストーリーです。マーガレット・カー（ワイカト大学教育学部教授）が中心になって開発しました。大宮勇雄は子どもを肯定的に見るための視点を提示していると高く評価しています[注1]。

ラーニングストーリーのメリットは、保育者の見方を変えることだけではありません。写真とエピソードとを組み合わせた記録であり、子どもの経験がわかりやすく表現されるために、家庭や社会に対して幼児教育の目的や成果の説明責任を果たすことができることです。子どもにとっても自分の成長を認識できるというメリットもあり、私たちが追究してきた記録に新たな視点を提示してくれています。

Profile Bookの構成

ラーニングストーリーはたいがい1つのエピソードが1枚の紙にまとめられますが、それは1冊のノート（Profile Bookと呼ばれています）に次々と貼られていき、1年に1冊の成長記録になります。このファイルの構成こそが実は重要で、ラーニングストーリーの意味を強調するものになっています。

構成は園によって多少異なるようですが、おおむね共通する項目と、記述の例を紹介しましょう。

〈Profile Bookの紹介〉
- これはあなたのお子さんの特別なファイルです。これはこの園で○○さんの学びや発達を記録するものです。私たちはこの記録をご家族が楽しみ、参加してくれることを期待しています。
- 私たちは○○さんが生涯にわたって必要な態度や人格を築くことを助け、学びの機会をもつようにしていきます。カリキュラムは知識技能を獲得させるためだけでなく、○○さんが社会に貢献できる自信をもった有能な学び手として育つように計画されています。

注1：大宮勇雄『学びの物語の保育実践』2010、ひとなる書房

- このファイルを時々持ち帰っていただきますので、ページの下の欄にサインをしたり、コメントを書いたりしてください。

〈Profile Bookの目的〉
- 本園の教育はナショナルカリキュラムであるテ・ファリキに基づき、次のような学びの構えが生涯にわたって永続的に培われるようにします。
  能動性・興味関心・信頼感・自己発揮と自己抑制・遊びへの意欲
- この学びの構えを○○さんがどのように経験しているかを写真とエピソードで綴ります。

このような意味づけの後に〈園の目標〉や〈スタッフの紹介コーナー〉〈ご家庭の紹介コーナー〉が設けられ、次にラーニングストーリーが綴られていきます。保護者は最初のイントロダクションによって、このファイルが、ただ子どもが楽しんでいる出来事が綴られるものではなく、ラーニングストーリー、つまり子どもの「学びの物語」であることを認識するのです。

家庭にファイルを持ち帰る頻度や新たなラーニングストーリーが書かれる頻度は園によって異なるようですが、私の調べた限りでは、頻度は1〜2か月に1回のようです。

書き方も保育者に任されていて多様です。決まった様式に書いているもの、エピソード風に書いているもの、主語が保育者の文体のものもあれば、逆に子どもが主語の文体もあります。書き方はどうであれ、共通しているのは、テ・ファリキという国のカリキュラムに照らし合わせて、子どもの姿が評価され、次にどんな経験が期待されているかが書き込まれていることです。

日本の実態に合った取り組みを

利点の多いラーニングストーリーですが、NZの方法をそのまま「輸入」すれば、日本の保育者はますます多忙になります。NZではNo contact timeといって、保育時間中に記録に専念するための時間が確保されていますし、1人の保育者が担当する子どもの数も日本に比して少ないのです。現在、日本の実態に合ったラーニングストーリーが全国で模索されています。次節ではその1つの試みをご紹介します。

2 一人ひとりの様子を保護者へ

保育記録を通して子どもの育ちを保護者と共有するラーニングストーリー。新たな取り組みに挑戦した実践を熊谷知子先生（京都府京都市・泉山幼稚園副園長）が紹介します。

保育の記録と発信について

　ここ数年、保護者会や保育参加、通信等を通して、その時期の子どもの育ちや保育で大切にしていることについて発信してきました。それにもかかわらず、幼稚園でわが子がどのように過ごしているのかわからないという声や、友だちや物へのかかわりについて、それぞれの家庭の認識の違いを主張する声が聞こえ始めました。子どもの発達についての理解に差があることや幼稚園の保育をイメージできない保護者が増えてきたことを感じました。

　保護者が保育への理解を深め、園での子どもの育ちを実感するには、どうしたらいいのか教職員で話し合い、「様々な機会を捉えてもっと保育を語ろう！」と発信の改革を試みました。スライドショーを使って子どもの活動の様子を映したり、子どもの育ちをキャッチコピーにして保護者に伝わりやすいようにしたりなど、保育の見える発信に取り組み始めました。

　保育の「見える化」を目指した発信と同時に、明日へつながる保育記録、個人記録もとても大切です。発信と省察記録とをうまく組み合わせるには保育者の創造と工夫が必要です。試行錯誤をしながら実践していく中で、保育者の気持ちが高まり、記録を保護者との連携に生かそうと「ラーニングストーリー」"学びの物語"に取り組むことにしました。

　1年で子どもたちは様々な経験をして自分育てをしていきます。個人としての成長は保育者の喜びですが、保護者の喜びのほうがはるかに大きいと思います。楽しいことも悲しいことも頑張っていることもすべて含めて大きな成長への過程として、日々の姿を記録を通して保護者と共有していきたいと思いました。

何を伝えるかが大切

　記録の内容は子どもの育ちを、それが最もよく伝わる1つの場面の写真とエピソードで伝えるものですが、エピソードだけでは子どもが何を学び、次にどんな成長が待っているのかを伝えるには不十分です。学びの物語であるので、その子の次の成長につながる保育者の願いも伝えることが必要です。

　そこで、園の教育課程に記された「ねらい」を"子どもの育ちを見る視点"とすることで、単に出来事を伝えるのではなく、子どもの学びや育ちの見通しも伝わるようにしました（資料1）。それに

資料1：保育の省察の例　教育課程を視点にもって

4歳	Ⅰ期【安定の時期】 一人ひとりの遊びや、保育者との触れ合いを通して幼稚園生活に親しみ安定していく	・幼稚園の生活に慣れ、保育者や友達に親しみをもつ。 ・ののさまを拝み、身近に感じる。 ・身近な環境に親しみ、自然に触れる中で様々なことに興味関心をもつ。	連日の虫探しをきっかけに、友達とかかわることを楽しんだり、図鑑で調べて興味関心が広がったりしていました。友達と一緒に遊ぶ中で、自分の発見した事を友達に伝えたい姿が見られています。 好きな遊びを通して、楽しい気持ちを共感したりする中で、よりかかわりが深まっていったらいいなと思っています。
	Ⅱ期【適応の時期】 友達や周囲のものへの興味や関心が広がり、保育者とともに遊びを広めていく	・いろいろな遊びを知って友達と楽しく遊ぶ。 ・身近な環境に親しみ、自然に触れる中で様々なことに興味関心をもつ。 ・自分の好きな遊びを見つけ、思ったことや考えたことなどを表現する。	
	Ⅲ期【疎通、共存の時期Ⅰ】 友達と一緒に遊ぶ中でイメージを伝え合い、つながりを深める	・友達と遊び、のびのびと行動し、運動のおもしろさを知って気分を明るくする。 ・いろいろな遊びの中で感じたこと、考えたことを表現する。	
	Ⅳ期【疎通、共存の時期Ⅱ】 友達の思いを受け入れたり共感したりしながら、ともに幼稚園生活の楽しさを知って遊ぶ	・自分の考えや思いを出して遊ぶ中で友達とのつながりを深める。 ・いろいろなものの美しさに対する豊かな感性をもつ。 ・秋の自然に親しむ。・冬の自然や生活に関心をもつ。	
	Ⅴ期【活動、充実の時期Ⅰ】 友達関係を深めながら活動し、共感し、次第に社会生活を身につけていく	・友達と遊びを広めて、いきいきと活動する。 ・人やものへの思いやりの心を抱く。 ・いろいろな活動に取り組み、進級への期待と自覚をもつ。	

よって幼児教育が何を目指し、園が何を大切にしているかも伝えることができ、保護者が保育を理解することにつながると考えました。

ラーニングストーリーの基本的な形

○子どもの成長を捉えた1場面の写真
　（2場面になることもあり）
○場面の子どもの姿（エピソード）
○保育者の省察
○保護者のコメント欄
○大きさはA5判
　（資料2、66ページ参照）

保護者からのラーニングストーリー

　新しい取り組みとなったラーニングストーリーは、保護者も興味を示す様子が見られ、「先生、ラーニングストーリー早く始めてほしかった！」という声があちらこちらで聞かれました（実施から1年経ち、今ではラーニングと理解してくれているはずです）。日常見ることができない幼稚園での子どもの姿を知ることができ、子どもの小さな成長も保護者は喜びと感じていました。保護者からのコメント用にコメント欄を設け、サインをしたり、感想や家庭での様子を書いたりしていただければ幸いですと伝えました。

　初回号は先ほども述べたように、撮った写真のエピソードを詳しく伝えるものでした。文章に柔らかさがあることで、保護者も保育者の書き方に似せて、家庭での様子をエピソードのように表現される方が多かったように思います。

　例えば保護者からのコメント（資料3、67ページ）で「"1つ大きくなった"と実感し、行動に表れているなあとたくさんの場面で感じた4月でした」と感じる様子をそのまま表現されたり、家庭でハマっていること・ものを書き添えたり、保護者にとってもラーニングストーリー

資料2：ラーニングストーリー（基本の形）

が楽しいものになっていることが伝わってきました。

ラーニングストーリーと保護者の方からのコメントを含めいくつか事例を挙げてみましょう（資料3、4、67ページ）。

翌月からは子どもの育ちや学びがわかるよう、教育課程を共通の視点としたことで、保護者にも育ちや学びが伝わり、写真から読み取っていることも増えたように思いました。

その反面、子どもの省察に硬い表現の言葉が並ぶことで保護者がコメントを書きにくくなるのではないか……。視点をもつことを大切にしながらも園からの一方的なものにならないよう、親しみやすい文章や内容で進めていくことが大切であると感じています。また、長期休暇中の様子など保護者発信のものを取り入れたり、行事前の取り組み（資料5）、学期末のまとめの記録をラーニングストーリーに展開させたり（資料6）と、基本の形に捉われず作っていくことにしました。

子どもにとってのラーニングストーリー

初めてラーニングストーリーのファイルを持ち帰ったAくんの様子です。それはそれは大切にかばんに入れてくれました。そして、「ぼくの絵本持って帰ってきたよ、読んで！」。お母さんは、声を出して読み始めました。その傍らで「うん、そうそう」「そうやねん」とうれしそうに自慢げにしているAくんの姿があり、その後も幼稚園のことを興奮気味に話してくれたそうです。

1枚の写真と文章で園での様子を家庭に届けることは、園でのその子の思いや成長を家庭と共有することができると感じました。まだまだ言葉で伝えることが難しい子どもには写真があることで場面が思い出され、その時のことを家族にわかってもらえることにとても喜びを感じています。

ラーニングストーリーには、頑張っている姿・悔しい気持ち・うれしかった気持ち・楽しい気持ち・悲しい気持ちをわ

資料3：保護者からのコメント

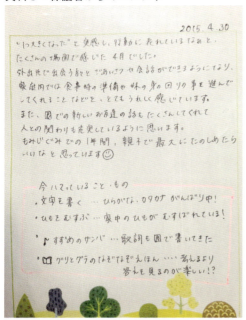

資料4：クラス通信を見た保護者からのコメント

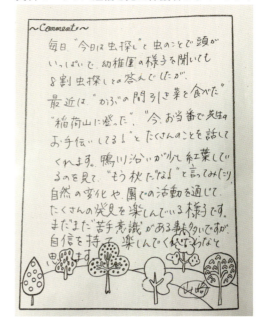

資料5：作品展への取り組み

資料6：2学期の育ち

かりやすく載せるようにしており、家庭や保育者に読んでもらうことでそのことに共感してくれたり褒めてくれたり励ましてくれたりしてもらえる時間が、子どもにとっての自信や育ちにつながっているように思います。友だちと気持ちを共有できることもラーニングストーリーのよいところです。

資料7：クラス通信

もみじぐみ号　no.5　H27.10.30　せんざんようちえん

＜秋蒔き野菜は"かぶ"　大きくなーれ＞

10月7日に秋蒔きの野菜を"かぶ"にしたことを伝えると、「ピーマンは？」とちょっぴり淋しそうな様子の子どもたちでしたが新しい野菜を育てることにワクワクしていました。そして1人ずつ種を手にして大切そうに土のベッドに乗せていき種を蒔きました。"かぶの赤ちゃん"と自然とどの子も声が小さくなり優しく話しかける様子に、小さな命を感じたり思いやる心が育ってきたりしていることを感じました。そして"大きくなーれ"のおまじないをかけ、毎日ベランダに足を運び生長を楽しみにしています。芽が出た時には跳んで喜び知らせ合う子どもたちでした。間引き菜も食べてみました☆これから大きくなっていく様子を子どもたちと楽しみたいと思います。

＜稲荷山に登りました！＞

10月15日、運動会も終わり、子どもたちも大きな行事を乗り越えてまた一つ大きくなりました。そんな中、年中になって初めての稲荷山に登りました。年少の頃に一度登りましたが、足を踏ん張って登る身体の使い方や"頑張るぞー！"と声をかけ合う友達とのかかわりの違いにビックリ！やはり心も体も成長していることを感じました。クラスのみんなが知っている歌を口ずさんでみたり、背中を押し合ってきつい坂を登ったり…。ただ登るだけでなく友達と一緒に同じ経験を繰り返すことで自然の中で様々な発見をしたり、楽しい気持ちを表現したりして育ちにつながっているように思います。引き続き心も体も大きく成長していけるように環境を作っていきたいと思います。

＜外で食べるお弁当、気持ちいいな＞

心地良い気候が毎日続いていた10月！もみじぐみでは、園庭やベランダでお弁当を食べる機会をたくさんもってきました。外の風、飛行機の音、雲の形、栽培物の様子、太陽の眩しさなど、心と体でたくさんのことを感じました。その中でそれぞれが感じたことをクラスの友達と共感しながら楽しいひとときを過ごす姿にクラスの成長を感じることができました。

＜茶巾絞りおいしかったよー＞

待ちに待った"茶巾絞りクッキング"の日が来ました。自分たちが掘ったお芋を使ってクッキングを楽しんだり、お芋そのものの匂いや色など、五感を通して感じたりして、クッキングを楽しみ、食べている顔は満足そうでした☆

＜お知らせ＞

運動会を終え、体を動かすことに積極的な子どもたちです。そんな子どもたちの姿から幼稚園では大縄に親しめるコーナーを設定するようにしています。最初から跳ぶことを目指すのではなく、まずは縄の上を歩いたり両足ジャンプをしてみたり…そのような経験を重ねていくことで、"跳んでみたい""縄跳びに挑戦してみようかな"という気持ちを育てていきたいと思います。
運動会のごほうびに個人の短縄をもらいました が、幼稚園ではまず大縄に親しみ、3学期ごろから子どもの姿に合わせて個人の短縄を出していこうと思いますので、ご家庭でも練習したり縄に触れてみたりして、大切に持っておいてください。園に持ってきていただく際は、手紙でお知らせします。

＜11月の保育のねらい＞

- 「それ、どうやって作るの？」
友達に言葉で思いを伝えたり、相手の思いを受け入れたりしてクラスごとのイメージの世界を楽しみながら、共通の目的をもって遊びを進めていけるようにかかわっていきます。
- 「今日は、ぼくがお当番！」
机を拭いたりゼリーを配ったり、保育者が行ってきたことを"お当番"として2人ずつ行っていきます。「こんなことができるんだ！」という気持ちにつなげられるようにしていきます。
- 「わぁー！きれいだね！」
泉山散策や園外保育に出かけ、この時期ならではの自然に親しんでいきます。その時感じた気持ちを絵画や製作を通して表現することを楽しみます。

また、頑張ったり、うまくいったりしたことがあると「先生、このことラーニングストーリーにのせて！」と子どもから言ってくる姿に出会うこともあります。なんとも楽しい話です。

個人の育ちは周りのみんながいての育ち

現在では、1か月に1度、一人ひとりのラーニングストーリーにクラス通信（資料7）を合わせてファイルに綴っています。子育てが孤立化していきがちな今、個人の学びの記録にクラス通信を載せることで、個人の育ちは周りのみんながいてこその育ちであることを伝えています。

個人の保育記録とクラス通信を同時に発信することは、保育者の負担を増すのではないかと心配でしたので、保育記録の週のまとめを利用してクラス通信を作成する方法にしました。週のねらいに沿った一場面を写真に撮り、子ども・クラスの育ちを書くドキュメンタリー方式にし、それを4週間書きためて月末にレイアウトしてクラス通信としたのです。

保護者のコメントには、クラスの中の1人としてのわが子が友だちや周囲のことにどう興味・関心をもっているかを知って安心したとありました。クラス通信を家庭でも一緒に読んでいただき、子どもと園での様子を共有されていることを感じます。

保育者の子どもを見る目を育てる

ラーニングストーリーに取り組んで2年目になりました。保育記録を園内や保育者だけのものに留まらせず、保護者と子どもの育ちを共有できる記録になりつつあります。

保護者にとってもコメントを書くという形で参画することは大きな意味があります。幼児教育を知り、わが子の育ちを園と共有していると感じることは、子育ての孤立化を防ぎ、子育ては親と園、そして身近な人々との協同作業であると感じてもらえることにつながると思われます。

また、子どもの育ちを丁寧に見守ること、肯定的に捉え表現していくことの積み重ねは、保育者の子ども理解が深まり保育の質を高めることにつながっていくと考えます。

Comment

 ### 意欲的な挑戦を支えている「価値」

泉山幼稚園の実践は、ラーニングストーリーが保育者、保護者、子どもをつなぐ効果ある実践であることを示しています。「私たちの園でもやってみたい」と思われたことでしょう。問題は時間と余力をどう確保するかだと思います。ただでさえ多忙な保育者の負担が増すようであってはなりませんし、記録のための記録になっては本末転倒です。泉山幼稚園でもこのちょうどよい接点を求めて試行錯誤を繰り返してきました。プロファイルブックの大きさ、更新の頻度、様式、時間のやりくりetc.……試行錯誤は現在も進行中ですが、その核となっている考えは以下の点です。

・一人ひとりの育ちは集団の育ちとの双方向性によって保障される
・子どもの経験と育ちを保護者と共有することによって、教育の質が高まる

新しい記録の方法に挑戦することは易しいことではありませんが、その価値が保育者間で共有されているからこそ、先生方が意欲的に挑戦されているのだと思います。
（河邉）

3 遊びの様子を保護者へ

ここでは、掲示用として作成した保育記録を紹介します。園生活や遊びを通して、子どもたちが育つ様子を保護者に伝えようとする取り組みです。

（田代幸代）

保護者が遊びの様子を知ることの意味

　多くの保護者にとって、大切に育ててきた自分の子どもを、初めて他人に預ける場所が、幼稚園や保育所等になります。「どんなふうに暮らしているのかな？」「お友だちと仲良くできるかしら？」……と、自分の子どもの様子はとても気になるものです。また保育者から、遊びが大切ということを聞いても、「遊んでいるだけで本当に大丈夫？」と心配になったり、遊びの様子を参観してもその姿をどのように受け止めたらいいのかわからなかったりします。

　園で遊ぶ子どもの様子やその意味を積極的に知らせることで、こうした保護者の不安や心配を解消することができます。また、子どもの姿を温かいまなざしで見守ってくれる保育者や園に対して、信頼感を深めることにもなります。子どもの表情や動きから、その行為の意味を読み取ってくれる保育者にふれ、専門性を感じてくれることでしょう。

　さらに、子どもは楽しかったことがあると保護者に次々に話そうとしますが、うまく言葉で説明できないことや断片的になってしまうこともあります。反対に、園での様子を全然話さない子どももいます。そのような時に、保育者から遊びの様子の伝達があると、「ああ、このことだったのね」と納得したり、「今日○○だったの？」と保護者から話題をふったりすることができて、親子のコミュニケーションもはかどります。園で楽しんでいる遊びを家庭で再現してみることにつながるケースもありました。

　このように、遊びの様子を保護者に伝えることは、保護者にとっても、子どもにとっても、園にとってもメリットがある大切なことと考えます。

保護者に伝えやすい方法を工夫して、タイムリーに伝える

　保護者に遊びの様子を伝えるものとしては、定期的に発行する「園だより」のような配布物もあります。これは各家庭に残るものにもなるので、個人的な情報は載せにくく、発行日に合わせて作成するため、どうしても情報の新鮮さという点では劣るものになります。タイムリーに様子を伝えるツールとして、ホームページの充実を図る園が増えてきて、その中やブログ等で発信するという方法もありますが、情報を見ることができる人を

記録1：3歳児学年（4月22日）

- この記録の意味を伝える効果的なキャプションを付けます。
- 一人ひとりの取り組みの様子を伝えています。
- 描画用の道具を遊びに使うところにポイントを置いていることや、片付けは教師がサポートしていることなど、指導の方針を伝えています。

記録2：3歳児学年（10月21日）

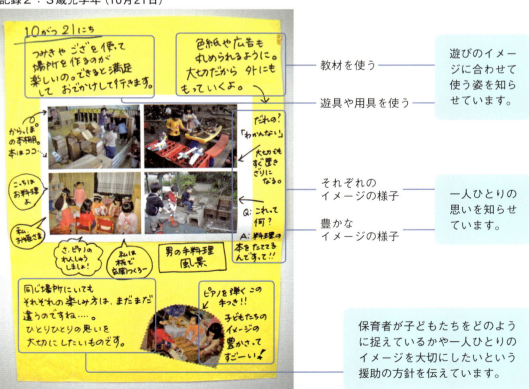

- 教材を使う
- 遊具や用具を使う
- 遊びのイメージに合わせて使う姿を知らせています。
- それぞれのイメージの様子
- 豊かなイメージの様子
- 一人ひとりの思いを知らせています。
- 保育者が子どもたちをどのように捉えているかや一人ひとりのイメージを大切にしたいという援助の方針を伝えています。

記録3：5歳児学年（6月17日〜）

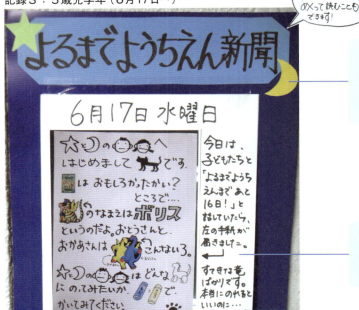

行事「よるまでようちえん」に向けた取り組みを継続して知らせることができるような掲示台紙を工夫しています。

物語のイメージや竜をモチーフに行事の内容を計画していることを伝えています。

子どもたちの作品も紹介しています。

記録者：山崎奈美教諭・中野圭祐教諭（東京学芸大学附属幼稚園）

記録4：5歳児学年（1月28日〜）

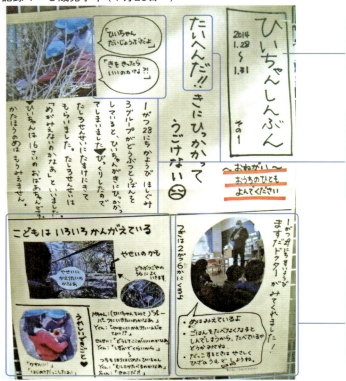

保護者だけではなく、子どもたちも見ることができるよう、平仮名での掲示物を作成しています。

身近な飼育動物の様子に気づいたり、その背景を考えたりしている子どもの姿を伝えています。子どもたちにとっては情報共有の掲示物ともなります。

園が専門家（学校獣医師）と連携し子どもたちの疑問や心配を一緒に考えたり、解決したりしている様子から、保育内容や方法を伝えています。

記録者：山崎奈美教諭（東京学芸大学附属幼稚園）

限定していない場合には、やはり発信できる内容に限界もあります。

タイムリーに今の遊びの様子を伝え、保護者に直感的に理解してもらうために、写真を使った保育記録を掲示することも有効です。そこに保育者の見方や捉え方が記してあることで、掲示物を読んだ保護者に園の教育を理解してもらうことができると考えます。

保護者に伝える記録の例

3歳児学年（71ページ）と5歳児学年（72ページ）の記録の例を載せました。このような写真入りの掲示物を作成する場合、意図的に写真を選ぶこともできます。

例えば、登園時に泣いていた子どもが夢中になって絵を描いている場面があれば、それを見ただけでその保護者は、「朝は泣いていたけれど、泣き止んで遊んでいる！」と安心することができます。写真で見る子どもの姿は、保育者から話を聞く以上に、納得してくれるものになるでしょう。また、いつも同じ子どもばかりが写らないように調整する配慮も必要と考えます。

ポスターのようにパソコンを使ってきれいに作成する方法もありますが、それでは時間がかかってしまいます。写真とそれへの書き込みというスタイルにすることで、登園前の10分くらいで、前日の遊びの記録を掲示用に作成することができます。話題がある時は毎日のように掲示し、多忙な時期でも、1週間に1回程度は様子を知らせることが可能でした。

○3歳児学年の記録例＜記録1・2＞
・写真4枚を選び、A4用紙1枚に印刷する。
・四つ切りの画用紙の中央に先の写真を配置する。
・登降園時に気軽に読める文字量に抑えて、写真の場面の説明を書き込む。
・子どもの姿について、保育者の読み取りや願いを書き込む。

○5歳児学年の記録例＜記録3・4＞
・「しんぶん」スタイルなので同じテーマにつながる姿をまとめて掲示できる。前の号に重ねて掲示していくことで、行事までの取り組みを継続して知らせている。
・子どもの体験がつながり広がる様子を伝えることができる。

付録

1) 参考文献　もっと記録を深めたい人のために

- 秋田喜代美、神長美津子『園内研修に生かせる実践・記録・共有アイディア－科学する心をはぐくむ保育』2016、学研プラス
- 今井和子『保育を変える記録の書き方　評価のしかた』2009、ひとなる書房
- 請川滋大『保育におけるドキュメンテーションの活用』2016、ななみ書房
- 河邉貴子『遊びを中心とした保育－保育記録から読み解く「援助」と「展開」』2005、萌文書林
- 河邉貴子『保育記録の機能と役割　保育構想につながる「保育マップ型記録」の提言』2013、聖公会出版
- 岸井慶子『見えてくる子どもの世界－ビデオ記録を通して保育の魅力を探る』2013、ミネルヴァ書房
- 鯨岡峻『エピソード記述入門－実践と質的研究のために』2005、東京大学出版会
- 鯨岡峻『保育のためのエピソード記述入門』2007、ミネルヴァ書房
- 柴山真琴『子どもエスノグラフィー入門　技法の基礎から活用まで』2006、新曜社
- 東京学芸大学附属幼稚園　平成24・25年度研究紀要『今日から明日へつながる保育－保育記録を考える・活用する－』
- 東京学芸大学附属幼稚園　平成26年度研究リーフレット『今日から明日へつながる保育－自己課題と向き合う記録の活用①』『今日から明日へつながる保育－自己課題と向き合う記録の活用②』
- 東京学芸大学附属幼稚園　平成27年度研究リーフレット『試行錯誤する子どもと教師』
- 秋田喜代美監修、松山益代著『参加型園内研修のすすめ－学び合いの「場づくり」』2011、ぎょうせい
- 宮里六郎・古庄範子『保育に生かす実践記録－書く・話す・深める』2006、かもがわ出版
- 森眞理『ポートフォリオ入門－子どもの育ちを共有できるアルバム』2016、小学館
- 文部科学省『幼稚園教育指導資料第5集　指導と評価に生かす記録』2013、チャイルド本社

2) 記録の様式

次ページから、コピーして使用できる記録のフォーマットを掲載します。

様式	特徴	仕上がりサイズにするための拡大率			
		B5	A4	B4	A3
保育マップ型	どこで、だれが、だれと、どのような遊びをしていたのか、保育環境に位置づけて俯瞰的に記録することができる	100%	115%	141%	163%
日誌型	登園から降園までの時間の流れに沿って、思い起こしながら記録しやすい	100%	115%	141%	―
イラスト型	図に描くことで、物の数、向き、動線・目線がわかりやすいスタイル。毎日の記録としては取りかかりやすい	100%	115%	141%	―
ポイントねらいうち型	ポイントを定めて振り返ったことが、明日の保育にダイレクトにつながる書き方ができる	142%	162%	200%	―
ステップアップ型	読み取りや考察をしっかりと深めながら書き進めるタイプの記録	142%	162%	200%	―

注）「イラスト型」「ポイントねらいうち型」「ステップアップ型」は、仰堅ブロック4園協働保育研究ネットワーク平成26年度研究紀要『明日につながる保育記録のあり方～めざせ！　記録の達人～』より

保育マップ型　平成　年　月　日（　）　　歳児　記録者
　　　　　　　天気　　欠席者

A：幼児の経験している内容　B：必要な経験　C：具体的な援助としての環境の構成

今週のねらい

学級・学年で行う活動の様子

全体の様子

環境図

日誌型　　　　　　歳児学年　　　　組　　　　　　　　　　　担任：

平成　年　月　日（　）	天気：
在籍 ・男児　　　名 ・女児　　　名　　　計　　　名	欠席：

時間	幼児の活動	記録
反省・評価		

イラスト型　平成　年　月　日（　　）　場面「　　　　　　　　　　　　　」　　歳児　記録者

環境図・ピンポイントエピソード

記録

明日に向けて

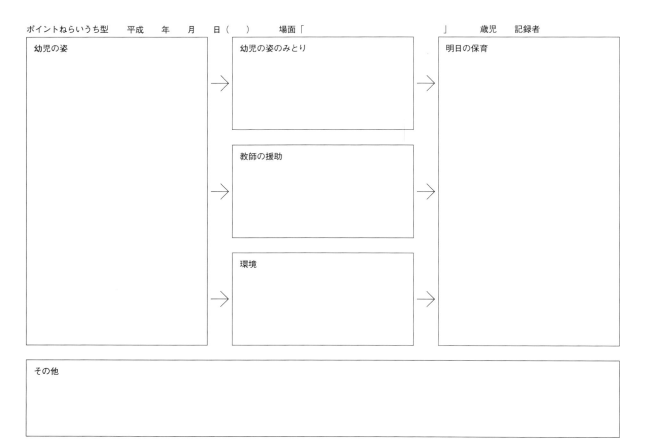

子どもの姿	子どもの学び	教師の評価・振り返り	明日に向けて

ポイントねらいうち型　平成　年　月　日（　）　場面「　　　　」　歳児　記録者

- 幼児の姿
- 幼児の姿のみとり
- 教師の援助
- 環境
- 明日の保育
- その他

ステップアップ型　平成　年　月　日（　）　場面「　　　　」　歳児　記録者

おわりに

　乳幼児期の教育について、制度や内容が様々に議論されています。変化しつつある現状に、不安や混乱を抱えている現場も少なくないかもしれません。その中で、保育の質を語るのであれば、この時期にふさわしい子どもたちの生活と遊びを守っていくところから始めるしかないのです。保育の質の向上は、保育者の資質向上にかかわっており、それを実現する1つの方法が、保育記録についての理解を深めて活用することだと思います。

　私が勤務していた東京学芸大学附属幼稚園では、平成24年度から平成26年度までの3年間、保育記録に関する研究に取り組んできました。「どのような様式で保育記録を書くのか」「記録には何を書いたらいいのか」を検討しながら、記録をもとに保育について話し合う園内研究会を続けてきました。当初は2年間でこの研究をまとめる予定でしたが、「記録をまとめてみたら、子どものことが見えてきました」「記録を読んで話し合えることがおもしろい！」という声があがり、「もっと記録を通して保育のことを話し合いたい」と、思いがけず同じ研究テーマが3年目も続くことになったのです。そこには、記録を書く、読み直す、まとめる、それをもとに話し合うというプロセスで、今日から明日へつながる保育の実践を実現していく手ごたえがありました。河邉貴子先生と一緒に記録について学び、その研究成果の一部が本書にまとめられたことは、私たちの大きな喜びです。同じように、この本を手に取った方が、「記録をしっかり書いてみようかな」と思い、同じように保育の手ごたえを感じてくださったなら、こんなにうれしいことはありません。

　全国に目を向ければ、保育記録について真剣に模索し、考え、実践の向上につなげようとしている園や保育者がたくさんいます。大津市の先生方からは、独自のシールの活用と「しゃべりんぐ」というユニークな取り組みを学びました。個人の記録を保護者と共有する泉山幼稚園の実践には、大いに刺激を受けました。認定こども園や保育所の記録についても紹介できたのは、ほんの一部です。これを機会に、これからも記録について追究していきたいと思います。

2016年7月　　　　　　　　　　共編著者を代表して　田代幸代

編著者 ― **河邉貴子**（かわべ たかこ）
東京学芸大学教育学部卒業。同大大学院教育学研究科（幼児教育学）修士課程修了。東京都公立幼稚園勤務、立教女学院短期大学助教授、同附属幼稚園天使園園長兼務等を経て、聖心女子大学准教授。2010年4月より、聖心女子大学文学部教育学科教授、博士（教育学）。
主な著書：『遊びを中心とした保育』（萌文書林、2005年）、『保育記録の機能と役割』（聖公会出版、2013年）ほか

田代幸代（たしろ ゆきよ）
東京学芸大学教育学部卒業。同大大学院教育学研究科（幼児教育学）修士課程修了。東京都公立幼稚園勤務、立教女学院短期大学専任講師、同附属幼稚園天使園園長兼務、東京学芸大学附属幼稚園（小金井園舎）副園長を経て、共立女子大学准教授。
主な著書：『事例で学ぶ保育内容　領域　健康』（萌文書林、2007年）、『今日から明日へつながる保育』（同、2009年）ほか

執筆協力 ― **八木亜弥子**（東京学芸大学附属幼稚園）：3章1節
　　　　　山崎奈美（東京学芸大学附属幼稚園）：3章2節
　　　　　西村佳子（大津市役所福祉子ども部）：4章1節
　　　　　中野圭祐（東京学芸大学附属幼稚園）：4章2節
　　　　　熊谷知子（学校法人泉涌寺学園泉山幼稚園）：5章2節

資料提供 ― **井口恵美・宇賀神彩・町田理恵・山田有希子**（東京学芸大学附属幼稚園）
　　　　　土方恵子（日本大学本部学務部付属学校課）

表紙・本文イラスト ― **松尾ミユキ**

保育ナビブック
目指せ、保育記録の達人！
Learning Story + Teaching Story

2016年8月25日　初版第1刷発行
2021年11月1日　初版第4刷発行

編著者　**河邉貴子　田代幸代**
発行者　吉川隆樹
発行所　株式会社フレーベル館
　　　　〒113-8611 東京都文京区本駒込6-14-9
電　話　営業：03-5395-6613　編集：03-5395-6604
振　替　00190-2-19640
印刷所　株式会社リーブルテック

表紙・本文デザイン　blueJam inc.（茂木弘一郎）

©KAWABE Takako, TASHIRO Yukiyo　2016
禁無断転載・複写　Printed in Japan
ISBN978-4-577-81405-5　NDC376　80p／26×18cm

乱丁・落丁本はお取替えいたします。
フレーベル館のホームページ　https://www.froebel-kan.co.jp